Dieter Grillmayer
Nordalpen I

AF284451

Dieter Grillmayer:
Aus meinem Tourenbuch

Nordalpen I

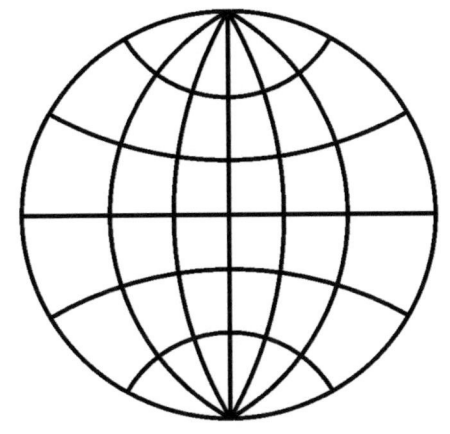

Bayern
Westösterreich
Salzkammergut

ISBN: 9783751914390

Die Fotos vom GH Herzogstand (Seite 13) und von
der Hofpürglhütte (Seite 70) wurden dem Autor von
den Eigentümern/Betreibern dieser Häuser zur
Verfügung gestellt; alle anderen Fotos stammen vom
Autor. Das Bild auf der Titelseite zeigt die Steinerne
Rinne im Wilden Kaiser (Tour 12)

Herstellung und Verlag:
BoD – Books on Demand, Norderstedt

Inhaltsverzeichnis

Vorwort

Mit „Nordalpen I" lege ich nun den dritten Band der Reihe „Aus meinem Tourenbuch" vor. Der an dieser Stelle im ersten Band enthaltene Text kann auch für alle weiteren Folgen der Reihe als Vorwort gelten; eine laufende Wiederholung erscheint mir daher verzichtbar.

„Nordalpen I" zeichnet, wie schon „Zentralalpen I", eine große Bandbreite hinsichtlich der zu bewältigenden Schwierigkeiten aus. Dabei können im oberen Bereich (Wegklasse 3) die Kalkalpen trotz der geringeren Höhen hinsichtlich Steigleistung und Schwierigkeitsgrad mit „meinen" Zentralalpen-Touren ganz gut mithalten. Als Beispiele seien vor allem die Unternehmungen in den Salzburger und den Berchtesgadener Steinbergen genannt, aber natürlich auch der Traunstein im Salzkammergut. Bei einem erheblichen Teil dieser Touren begleitete mich Harald, mein Nachfolger als Direktor des BRG Steyr, und bei einigen davon war mit dem rundum engagierten Mathematiker Lois ein zweiter Lehrer der genannten Schule mit von der Partie.

Andererseits werden in diesem Büchlein nicht weniger als sieben Wege beschrieben, welche ich seit 2006 jedes Jahr im September mit meinen Maturakollegen gegangen bin; einer davon (Tour 01) wird in den örtlichen Fremdenverkehrsbroschüren sogar explizit als „Altherrenweg" bezeichnet. Dazu kommen mehrere leichte Almwanderungen, die ich mit meiner Frau gemacht habe und wo gelegentlich auch Enkelkinder dabei waren.

Wie schon mehrmals ausgeführt scheitert meine Berichterstattung umso öfter am fehlenden oder unbrauchbaren Bildmaterial, je weiter die Tour zurückliegt. Nichtsdestoweniger enthält „Nordalpen I" mit 112 Farbfotos sechs mehr als „Zentralalpen I". Daher handelt es sich bei diesem Büchlein wohl für alle auf die Schönheiten unserer Heimat stolzen Landsleute um eine „Fundgrube", also auch für solche, die sich die Berge lieber „von unten" anschauen.

Dieter Grillmayer

Bayern

Die ersten drei Unternehmungen in diesem Abschnitt sind leichte Voralpen-Wanderungen und liegen südlich von München ziemlich nahe beieinander. Auch die daran anschließenden drei Bergfahrten schärferer Richtung zeichnet ein örtliches Naheverhältnis im westlichen und südlichen Umfeld der Stadt Salzburg aus. Der Hohe Göll ist ein deutsch-österreichischer Grenzberg, den ich mehrmals, aber immer von der Berchtesgadener Seite aus, angegangen bin und daher unter „Bayern" einordne. Unter diesem Gesichtspunkt kommt dann das Sonntagshorn, auch ein Grenzberg, vom Heutal im Pinzgau aus bestiegen, als Tour 24 unter „Westösterreich" vor.

01 Oberammergau – Romanshöhe (111)

Die Passionsspiele in Oberammergau (Allgäu) sind berühmt, das rechte Bild zeigt den Haupteingang des Festspielhauses. Knapp 10 km nördlich davon liegt das höchstgelegene Moorheilbad Deutschlands Bad Kohlgrub (828 m), wo wir im September 2017 mit Maturakollegen ein paar Tage verbracht haben. Von beiden Orten aus lässt sich der Berggasthof Romanshöhe (959 m) erwandern, vom Badeort aus auf dem „Wiesenmahdweg" (über Unterammergau) und vom Passionsort aus auf dem „Altherrenweg".

Von München aus erreicht man die genannten Orte am besten auf der Garmischer Autobahn A95 bis Murnau, von dort nach Bad Kohlgrub, von Innsbruck aus über den Zirler Berg und die Staatsgrenze bei Scharnitz, weiter über Garmisch und Ettal nach Oberammergau. Die beiden Orte verbindet übrigens auch eine Eisenbahnlinie.

Der gesamte Fußweg von Bad Kohlgrub nach Oberammergau ist ca. 12 km lang und nimmt ca. drei Stunden reine Gehzeit in Anspruch.

Rosemarie und ich sind in den Wiesenmahdweg aber erst nördlich von Unterammergau eingestiegen, wo ein Sträßchen von der im Ammertal verlaufenden B23 zur Wallfahrtskirche Kappel hin abzweigt (Parkplätze). Der Wiesenmahdweg folgt hier zunächst der Engen Laine bachaufwärts, ändert aber nach deren Überschreitung bei ca. 900 m radikal die Richtung, um dann in einem weiten Linksbogen um den Grünbichl herum in den Wald und zur Romanshöhe hinauf zu führen (Bild links).

Der Berggasthof Romanshöhe (Bild unten), wohin wir 1 ¼ Stunden gebraucht haben, lässt keine Wünsche offen, von seiner Terrasse aus sieht man sehr schön nach Oberammergau hinunter. Tags darauf ist dann die ganze Gruppe von dort aus auf dem Altherrenweg hierher gelangt, was etwas weniger Zeit in Anspruch genommen hat.

02 Drei Hörnle über Bad Kohlgrub (111)

Von dem schon von Tour 01 her bekannten Bad Kohlgrub startet ein ebenso langsamer (20 Minuten) wie origineller Zweier-Sessellift (Sessel klappen auseinander) zur Hörndl-Hütte (1.390 m) des DAV Starnberg. Von da aus können das Vordere (1.485 m), das Mittlere (1.496 m) und das Hintere Hörnle (1.548 m) völlig problemlos erstiegen werden.

Rosemarie ist auf einem gemütlichen Weg durch Kuhherden und Pferdeweiden hindurch in einer guten Stunde zum Hinteren Hörnle (Bild oben) hinaufgestiegen und dort von einem Pferd freundlich begrüßt worden (rechtes Bild). Ich habe auf dem Hinweg das Vordere und auf dem Rückweg das Mittlere Hörnle (von der Hörnle-Alm aus) „mitgenommen". Die Sicht nach Süden – zur Nordalpenkette hin – war an diesem 8. August 2016 etwas „diesig", im Herbst wäre sie wahrscheinlich besser.

Das obige Bild vom Rückweg aus zeigt links das Mittlere und rechts das Vordere Hörnle. Man beachte: Wir sind hier im Allgäu, wo schwäbisch gesprochen wird und ein kleines Horn daher „Hörnle" heißt. Die eingangs genannte Hütte gehört aber den Starnbergern, wo bayrisch gesprochen wird, daher heißt sie „Hörndl-Hütte".

03 Ein Hausberg der Münchner (131)

Der Herzogstand (1.731 m) ist ein zwischen dem Kochelsee und dem Walchensee liegender Voralpengipfel, der vom GH Herzogstand (1.575 m) aus auf schönem Fußweg in 30 Minuten erstiegen werden kann. Zu besagtem Berggasthaus führt vom Ort Walchensee eine Seilbahn herauf. Passionierte Bergwanderer werden aber für Aufstieg und/oder Abstieg den Weg wählen, der von der Passhöhe zwischen den beiden Seen auf ca. 850 m Seehöhe zum GH Herzogstand hochführt, wofür etwa zwei Stunden zu veranschlagen sind.

Auch dieses Bergerlebnis verdanke ich den jährlichen Treffen mit Maturakollegen; im September 2009 hat ein solches in Kochel am gleichnamigen See stattgefunden. Die genannte Passhöhe ist der höchste Punkt der von München nach Süden führenden B11, wobei der Großteil der Anfahrt auch auf der A95 zurückgelegt werden kann. Von Innsbruck aus gilt die gleiche Anfahrt wie bei Tour 01 angegeben, aber nur bis Mittenwald, von wo aus die deutsche B11 zu besagter Passhöhe und weiter nach Kochel führt.

Der Anstieg verläuft lange auf einer mäßig steilen Forststraße durch den Wald, ehe auf ca. 1.400 m Seehöhe der Almboden erreicht ist und sowohl das Gasthaus als auch der Gipfel (Bild unten, der Gipfel steht rechts) ins Blickfeld rücken. Die Nutzung der Seilbahn für Ab- oder Aufstieg korreliert mit der Nutzung der Busverbindung zwischen Walchensee und Kochel.

04 Der Hochstaufen (341)

Wer auf der österr. A1 an Salzburg vorbei bzw. ab dem Walserberg auf der deutschen A8 nach Westen fährt, der kann, wie im nächsten Bild dokumentiert, die Felspyramide des Hochstaufen (1.771 m) kaum übersehen, sofern das Wetter das zulässt. Der kürzeste Anstieg erfolgt von der Padingeralm (667 m) westlich von Bad Reichenhall auf einem zum Teil klettersteigartigen Weg in der Südflanke des Berges. Im Juli 2005 bin ich da mit „Percy", meinem ersten Bergkameraden aus der Mittelschulzeit, in 3 ½ Stunden hinaufgestiegen. 20 Meter unter dem Gipfel steht die Hütte des DAV Bad Reichenhall.

Die Zufahrtsstraße zum Parkplatz auf der Padingeralm zweigt noch im Stadtgebiet von Bad Reichenhall von der deutschen B21, die Salzburg mit Lofer verbindet, rechts ab.

Zuerst geht es in 1 ¾ Stunden auf einer Forststraße und dann rechts auf einem Waldweg zu einem Sattel hinauf. Dort links im Latschenbereich an großen Felsblöcken, den Steinernen Jägern, vorbei zu einer Eisenleiter, wo der leichte Klettersteig (A/B) durch schrofiges Gelände beginnt, der nach 1 ¾ Stunden bei der Reichenhaller Hütte endet, im unteren Bild bereits vom Gipfel aus aufgenommen.

Im Blick nach Osten ist hinter der Hütte die Autobahn A8/A1 und insbesondere der Grenzübergang Walserberg zu erkennen. Noch weiter hinten und im Dunst kaum sichtbar liegt die Stadt Salzburg.

Von Südosten nach Südwesten sind vom Gipfel aus der Reihe nach der Untersberg und das Lattengebirge, dahinter die Berchtesgadener Berge mit dem Hohen Göll (Tour 06) und dem Watzmann, die Berge der Reiter Alpe (Tour 23), die Loferer Steinberge (Tour 21) und die Chiemgauer Alpen mit dem Sonntagshorn (Tour 24) sowie dahinter der Wilde Kaiser (Tour 12) im Blickfeld. Weiter nach Westen und nach Norden hin sieht man ins Bayrische mindestens bis zum Chiemsee hinaus.

Im Abstieg lässt sich der Klettersteig vermeiden, wenn man den Weg über die Bartlmahd nimmt, der zunächst am Kamm bzw. in Kammnähe ohne großen Höhenverlust nach Westen führt, sich dann an der Waldgrenze scharf nach SO wendet und, zuletzt auf einer Forststraße, zur Padingeralm zurück führt.

Eine Überschreitung des Hochstaufen von Norden nach Süden wird im Buch von Hans Pilz (siehe Literaturverzeichnis) beschrieben.

05 Auf dem Mannlgrat (321)

„Der Steig führt in spannender Route am Mannlgrat entlang, wobei man schon ab und zu etwas kräftiger zupacken muss, aber wirklich schwierige Stellen ausbleiben. Nach Durchstieg eines Kamines ist der Klettersteig schon zu Ende (2 h), der Gipfel wird über ein breites Schuttfeld in 30 Minuten erreicht." Eine Information wie diese kürzlich im Internet gefundene hat mich verleitet, die Besteigung des Hohen Göll (2.522 m) mit meiner Frau im August 2001 vom Kehlsteinhaus (1.834 m) aus zu versuchen, wo der Mannlgrat seinen Ausgang nimmt. Denn bei allen anderen Aufstiegsrouten sind mehr Höhenmeter zu absolvieren und den Normalweg über das Purtschel-

lerhaus (1.650 m) habe ich wegen Steinschlaggefahr von vorneweg ausgeschlossen. Ich habe den Mannlgrat aber schwer unterschätzt, es handelt sich um einen Klettersteig, der in den C-Bereich hinein geht und vor allem wegen eines ständigen Auf und Ab konditionell anspruchsvoll ist und kaum einen Höhengewinn bringt. So sind wir erst nach 2 ½ Stunden bei der im Internet als „Schuttfeld" bezeichneten Göllleiten angekommen, von der ich übrigens nicht glaube, dass sie in 30 Minuten bis zum Gipfel hinauf zu bewältigen ist. Wir kehrten dort jedenfalls um, weil wir für 15 Uhr einen Autobus zur Abfahrt vom Kehlsteinhaus gebucht hatten und diesen Termin sicher nicht hätten einhalten können.

Im linken obigen Bild, das übrigens die „Qualität" des Klettersteiges, hier kurz vor dem Erreichen der Göllleiten, recht gut dokumentiert, ist die Umkehrstelle markiert, und ebenso in der Wegskizze, die der Tourenbeschreibung 06 beigefügt ist. Zurück waren wir etwas schneller und haben daher „unseren" Bus auch noch erreicht.

Nichtsdestoweniger möchte ich die Erfahrung „Mannlgrat" nicht missen und habe die Tour daher in dieses Büchlein aufgenommen. Denn einmal ist die Sache, wenn man darauf vorbereitet ist, durchaus vergnüglich, und zweitens gewährt der Steig ganz hervorragende Ausblicke. Das Bild rechts oben zeigt den Watzmann (2.713 m).

Zum Kehlsteinhaus (Bild oben) führt eine für den öffentlichen Verkehr gesperrte Straße, die in Obersalzberg ihren Ausgang nimmt. Autobusse befördern von dort aus die Besucher zu einer Endstation, wo dann noch ein 124 m langer Aufzug in 41 Sekunden durch den Berg zur Gaststätte hochführt.

Den Parkplatz Obersalzberg erreicht man auf kürzestem Weg von Berchtesgaden aus, wohin man von Stadt Salzburg über den Grenzübergang Markt Schellenberg gelangt.

Vom Kehlsteinhaus geht es auf einem breiten Wanderweg zum Gipfelkreuz des Kehlsteins. Danach wird der Weg bald zum Pfad und führt über felsiges Gelände in den breiten Sattel der Mannlscharte hinunter. Vom Kehlsteinhaus bis hierher sind es ungefähr 20 Minuten. Dort findet man die Beschilderung: „Mandlgrat Klettersteig". („Mandlgrat" ist die vom DAV bevorzugt Schreibweise.)

Zuerst geht es noch ohne echte Kletterstellen an der Nordostseite des Grates immer in Richtung Südosten, bis man die ersten Drahtseile erreicht. Nun werden die Mannlköpfe – mal links, mal recht – umgangen (nächster Bild links). Es folgen eindruchsvolle Passagen wie kleine Verschneidungen, ausgesetzte Bänder und – besonders spektakulär – der Durchschlupf unter einem riesigen Klemmblock (nächster Bild rechts.) In leicht absteigender Querung führt der Weg an steilen Felsplatten weiter, bis man den krönenden Abschluss der

Gratkletterei erreicht: Im nun steileren Gelände geht es (gut mit Trittbügeln und Leitern gesichert) über Felsaufschwünge und durch einen Kamin zu einem flacheren Absatz hinauf, womit die Göllleiten erreicht ist.

Historische Anmerkung: Das Kehlsteinhaus samt Auffahrt wurde 1939 zum 50. Geburtstag Adolf Hitlers, der am Obersalzberg residierte, gebaut und ist als dessen „Adlerhorst" in die Geschichte eingegangen. Entsprechend groß ist der Andrang, vor allem von amerikanischen und japanischen Touristen. Seit 1952 wird das Kehlsteinhaus als Berggaststätte geführt.

06 Der Hohe Göll (342)

Obwohl nur wenige Kilometer westlich der Salzach gelegen und von beachtlicher Höhe bekommt man diesen imposanten, 2.522 m hohen Berg weder von der Tauern-Autobahn A10 noch von der Salzachtal-Bundesstraße B159 zu Gesicht, wohl aber z. B. von der Straße aus, die von Hof über Ebenau nach Hallein führt. Mir gelang die Besteigung des Hohen Göll erst im dritten Versuch. Der erste Versuch wird im Tourenbericht 05 abgehandelt. Der zweite Versuch, im Juli 2002 unternommen, der weite Weg durch das Alpeltal, zuerst über den gleichnamigen Steig und dann durch die Steinwüste der „Umgäng" zur Göllscharte, endete schließlich nach 4 ½ Stunden wegen Ermüdung und Donnergrollen beim Kuchler Kreuz, wiewohl es von dort aus zum Gipfel nur mehr ein Katzensprung gewesen wäre.

Immerhin mussten Harald, Lois und ich dann noch über das Hohe Brett zum Stahl-Haus absteigen, haben die OeAV-Hütte aber erreicht, ohne nass zu werden. Daher wählten Harald und ich im August 2012 diesen Weg, hatten ihn aber, wohl wegen der damals schlechten Sicht, in besserer Erinnerung, als er tatsächlich ist.

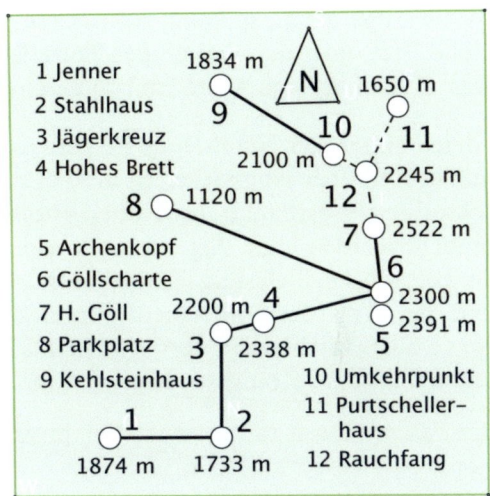

In der obigen Wegskizze ist neben der 2012 genommenen Aufstiegsroute sowohl der Mannlgratsteig (Tour 05, die Höhenangabe beim Umkehrpunkt 10 ist geschätzt) als auch der Aufstieg durch das Alpeltal zur Göllscharte eingezeichnet. Dieser nimmt von einem kleinen Parkplatz (Punkt 8) seinen Ausgang, der auf der Scharitzkehlstraße linker Hand vor dem Erreichen des Parkplatzes Hinterbrand liegt. Die genannte Stichstraße zweigt in Obersalzberg von der Bundesstraße ab, die von Berchtesgaden dort hinauf führt. Letztlich ist in der obigen Skizze auch noch der Weg vom Purtschellerhaus zum Göllgipfel eingezeichnet; er besteht aus einem Klettersteig bis zum „Rauchfang", von wo es dann bequem zum Gipfelkreuz hoch geht. Die in der Skizze vorhandenen Höhenangaben erlauben es, im weiteren Text darauf zu verzichten.

Das Unternehmen von 2012 begannen wir mit einer Auffahrt zum Jenner, dem berühmten Aussichtsberg hoch über dem Königssee. Die Talstation der Gondelbahn befindet sich am Rande des Königssee-Parkplatzes, der ab Berchtesgaden ausgeschildert ist. Vom Gipfel geht es zunächst mäßig steil bergab und dann wieder leicht bergauf in ca. 45 Minuten zum Carl-von-Stahl-Haus, das auf dem Torrener Joch (Staatsgrenze) steht und wo wir übernachteten. Aber auch das private Schneibsteinhaus wäre eine gute Wahl. Nur sehr konditionsstarke Geher werden auf eine Nächtigung in einem der beiden Häuser im Zuge der Besteigung des Hohen Göll verzichten können. Das Hohe Brett oder der südlich des Torrener Jochs aufragende Schneibstein (2.276 m) sind hingegen bequem in einem Tag „machbar".

Gleich hinter dem Stahl-Haus steigen wir auf zunächst schönem Weg mäßig steil über Almwiesen in die Felsregion hinein und dann in der schrofigen Westflanke des Hohen Bretts, wo bereits die Hände gebraucht werden, zum Jägerkreuz hinauf. Das nächste Panoramabild ist von diesem Felssteig aus gemacht worden. Es zeigt den Jenner und den Weg, der von seinem Gipfel zum Stahlhaus führt, dahinter ist (wolkenverhangen) der Watzmann zu erahnen, und von links unten blinkt der Königssee herauf.

Vom Jägerkreuz geht es wieder bequemer zum Gipfelkreuz des Hohen Bretts hoch, das nach ca. 1 ½ Stunden (ab Stahl-Haus) erreicht wird. Hier beginnt der, allenfalls subjektiv gesehen, unangenehmste Teil des Bergganges, der ca. 1 ¼ Stunden beansprucht, nämlich der Weg zur etwa gleich hohen Göll-Scharte hinüber, bei dem allerdings mehrere Ab- und Aufstiege in schrofig-felsigem Gelände zu absolvieren sind.

Hohes Brett, dahinter der Göll-Gipfel, rechts die Göll-Scharte

Vom Brett zur Scharte zieht sich nämlich eine Kette von Gipfelauf-
bauten, die in ihren Flanken umgangen werden müssen.

Ausgesetzte Stellen sind allerdings seilversichert, siehe das
rechte Bild. Ärgerlich ist vor
allem der letzte Abstieg links
vom Archenkopf, weil der
sogar unter das Niveau der
Scharte hinabführt, die schon
zum Greifen nahe erscheint.

Die letzte Etappe ist vergleichsweise ein reines Ver-
gnügen, 45 Minuten für die
letzten 200 Höhenmeter sollten
ausreichen. Die halbe Strecke
zum Gipfel steigt man auf aus-
getretener Schotterspur zum
Kuchler Kreuz hinauf.

Von dem nach dem Ort Kuchl, der darunter im Salzachtal liegt, be-
nannten Kreuz, an dem mehrere Pfannen und andere Küchengeräte
befestigt sind, geht es dann nur mehr schwach steigend auf dem

21

Kamm bzw. in dessen linker Flanke zum Gipfelaufbau (Bild unten) hinüber, nur die letzten Meter zum Kreuz hinauf sind noch etwas beschwerlich. Das macht insgesamt ca. 3 ½ Stunden ab Stahl-Haus.

Den Rückweg haben wir, wie schon im Jahr 2002, in 2 ½ Stunden geschafft, und nach einer ausgiebigen Rast sind wir wieder zur Bergstation der Seilbahn auf den Jenner hochgestiegen. Zumindest ich bin dort dann doch schon ziemlich „geschafft" angekommen.

Westösterreich

Unter diesem Titel werden Wanderungen und Bergtouren in den nördlichen Vor- und Kalkalpen sowie in der Schieferzone beschrieben, die von Orten ihren Ausgang nehmen, die in Vorarlberg, Nordtirol oder Salzburg liegen. Entsprechende Berichte verdichten sich gegen Salzburg hin zunehmend, während ich westlich von Innsbruck nur auf ganz wenige Unternehmungen in den Nordalpen zurückblicken kann. Allerdings: In den Tannheimer Bergen im Außerfern haben meine Frau und ich im Jahr 2000 mehrere Tage zugebracht. Über deren Durchquerung wird in diesem Abschnitt berichtet, wiewohl sie von Pfronten (BRD) gestartet worden ist.

07 Portlerhorn und Sünsersee (212)

Auf der Fahrt zum Widderstein (Tour 08) haben wir im Sommer 2001 den Weg von Rankweil im Rheintal über das Furkajoch (1.767 m) und Damüls nach Au an der Hochtannbergstraße B200 genommen. An der Nordrampe der Jochstraße liegt auf 1.680 m Seehöhe ein Parkplatz (Bild unten links), von wo aus wir über das Portlerhorn zum Sünsersee (Bild unten rechts) gewandert sind.

Das Furkajoch rühmt sich, der am weitesten im Westen liegende Pass Österreichs zu sein; die Straße verlangt ihren Benützern, vor allem auf der Rankweiler Seite, schon etwas ab, sie ist daher bei Motor-Bikern beliebt, ansonsten nur von regionaler Bedeutung.

Die Bergwanderung führt in nördlicher Richtung in etwa 30 Minuten an der Alpe Portla vorbei zum Portlasattel (ca. 1.800 m). Hier kann man sich entweder für den gemächlich steigenden „Sünserweg" oder den Kammweg (rechts davon) entscheiden, der über das Portlerhorn (2.010 m) führt. Auf beiden gelangt man in einer guten Stunde, zuletzt links bergab, zum Sünsersee (1.806 m). Man kann aber auch vom „Sünserweg" aus zum Horn hinaufsteigen, was ich getan habe. Das untere Foto zeigt das Horn aus dieser Perspektive.

Vom Sünsersee geht es auf dem „unteren Weg" an der (unbewirtschafteten) Sünsalm vorbei zum Portlasattel zurück, wo knapp darunter die (bewirtschaftete) Alpe Portla einen schönen Rastplatz darstellt. Alles in allem ist das eine gemütliche Wanderung von gut drei Stunden Dauer; die meiste Zeit über ist im Westen der Hohe Freschen (2.004 m) zu sehen, aber auch die Schesaplana im Süden.

08 Der Große Widderstein (332)

Auf einem Kalenderblatt habe ich den 2.533 m hohen Berg dieses Namens erstmals gesehen. Das Bild hat mich fasziniert und nach entsprechenden „Machbarkeitsstudien" habe ich mir seine Besteigung vorgenommen, konnte diesen Plan aber erst im August 2001 verwirklichen. Vom GH Adler (1.670 m) an der B200 (zwischen Hochtannbergpass und Hochkrumbach) war ich bis zum Gipfel zwei Stunden unterwegs und in 1 ½ Stunden wieder herunten. In meinem Tourenbuch steht: „Genusstour abzüglich Steinschlaggefahr." Aber bei Kalkbergen ist das ja nicht ganz unüblich.

Der Widderstein – wie auf dem Kalenderblatt

Vom Parkplatz sind Rosemarie und ich gleichzeitig aufgebrochen, aber während sie zur Widdersteinhütte (2.015 m) hochgewandert ist habe ich die Hütte zunächst rechts liegen gelassen und bin in 45 Minuten gleich zu den Felsen hinaufgestiegen. Hier muss man sich in leichter Kletterei zwar ziemlich steil, aber nicht ausgesetzt, hochturnen, und zuletzt geht es flacher durch Schutt auf den Gipfel zu (Bild rechts). Für den gesamten Felsenweg bis zum Kreuz habe ich 1 ¼ Stunden gebraucht.

Die Aussicht ist natürlich grandios, wiewohl ich die Bergwelt in dieser Gegend nicht so gut kenne. Aber umgekehrt: Vor gar nicht langer Zeit haben meine Frau und ich dem Kleinen Walsertal (von Oberstdorf aus) einen Besuch abgestattet. Dieses wird im Süden beherrschend vom Großen Widderstein abgeschlossen.

Zurück habe ich bis zur Hütte (Bild links) eine Stunde gebraucht und von dort sind wir dann in gut 30 Minuten zum Parkplatz hinunter gestiegen.

09 In den Tannheimer Bergen (342)

Die bereits angesprochene West-Ost-Durchquerung dieser Bergkette im Außerfern nimmt in Pfronten/Allgäu bzw. bei der Bergstation einer dort startenden Seilbahn in gut 1.600 m Seehöhe ihren Ausgang und endet bei einer Haltestelle der Bahnverbindung Reutte – Pfronten. Eine von Grän-Haldensee zur Sonnenalm (1.818 m) hinauf führende Gondelbahn eröffnet aber auch andere Möglichkeiten, insbesondere eine stressfreie Begehung des Friedberger Klettersteigs (Klasse A/B), der trittsicheren und schwindelfreien Bergfreunden im Internet ausdrücklich empfohlen wird.

Die genannten Talorte Pfronten und Grän verbindet eine ca. 15 km lange (grenzüberschreitende) Landesstraße. Von Reutte aus erreicht man Pfronten mit dem Auto am schnellsten auf der die Eisenbahnlinie begleitenden Straße und Grän-Haldensee zuerst auf der lechaufwärts führenden B198, von welcher nach ca. 10 km rechts die B109 in das Tannheimer Tal abzweigt. Das eher wenig bekannte Tal ist „traumhaft", sodass ich es zunächst mit zwei Fotos vorstelle, ehe ich die genannte Durchquerung beschreibe und noch zwei kleine Unternehmungen erwähne, die wir von der Sonnenalm aus gemacht haben.

Das obige Bild zeigt Kirche und Dorfplatz des Ortes Haldensee und rechts dahinter den Aggenstein (1.987 m). Das untere Foto, vom Südufer des Haldensees aufgenommen, enthält mit der Roten Flüh (2.117 m) in Bildmitte einen herausragenden Gipfel der Bergkette und den Scheitelpunkt des Weges, den wir zwei Tage vor dem Zeitpunkt der Aufnahme gegangen sind.

Von Pfronten bringt uns zuerst die Breitenbergbahn (Gondel) und dann die Hochalpbahn (Sessellift) auf ca. 1.600 m hinauf. Von dieser Höhe aus haben wir in einer guten Stunde den Aggenstein bestiegen und nach weiteren 20 Minuten die Pfrontener Hütte erreicht.

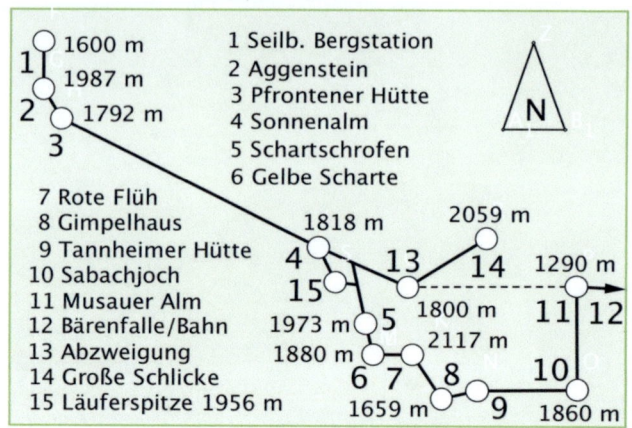

1 Seilb. Bergstation
2 Aggenstein
3 Pfrontener Hütte
4 Sonnenalm
5 Schartschrofen
6 Gelbe Scharte
7 Rote Flüh
8 Gimpelhaus
9 Tannheimer Hütte
10 Sabachjoch
11 Musauer Alm
12 Bärenfalle/Bahn
13 Abzweigung
14 Große Schlicke
15 Läuferspitze 1956 m

Die Strecke von der Pfrontener Hütte bis zur Sonnenalm nennt sich Tannheimer Höhenweg und ist – im Vergleich zum weiteren Wegverlauf – recht bequem. Er fällt zunächst zur Sebenalm (Bild unten, im Hintergrund der Aggenstein) ca. 200 Höhenmeter ab, um dann in mehreren Stufen wieder anzusteigen. Wir haben für diese Strecke gute zwei Stunden gebraucht.

Bei der Sonnenalm verstellt zunächst noch die Läuferspitze die Sicht auf den zentralen Teil der Tannheimer Berge mit Roter Flüh, Gimpel (2.176 m) und Kellespitze (2.247 m), aber bald danach wird auch der Wegverlauf dorthin erkennbar. Das nächste Bild zeigt den Schartschrofen und links davon die Gelbe Scharte, zu der man entweder

28

durch Umgehung des Schrofens, also zuerst bergab und dann durch Schotter wieder bergauf, oder über den Schrofen und den bereits erwähnten Klettersteig gelangen kann. Wir entscheiden uns etwas leichtfertig, da wir den Steig ja nicht kannten, für die zweite Möglichkeit. Mir war zwar etwas mulmig dabei, aber Rosemarie wollte den Umweg vermeiden und hatte dann wohl auch an der Kletterei Gefallen, wie das untere (rechte) Bild vermuten lässt.

Nach der (engen) Scharte erwartet uns eine weitere Kletterei, allerdings auf stabilen Eisenklammern eine Felswand hinauf, ehe wir wieder auf großteils gangbares Gelände treffen, wo uns der Weg zum Gipfel der Roten Flüh hochführt. Aufgrund der gebotenen Vorsicht haben wir von der Sonnenalm bis hierher mit drei Stunden wesentlich länger gebraucht als erwartet. Der Weiterweg (1 ¼ Stunden) verlief allerdings nach kurzem felsigem Abstieg zur Judenscharte (zwischen Roter Flüh und Gimpel) problemlos in einem weiten, von einem großen Gämsenrudel besiedelten Kar zum (privat bewirtschafteten) Gimpelhaus, wo wir ein Zimmer bestellt hatten und uns entspannt bei gutem Essen von den Strapazen erholen konnten.

Am nächsten Tag wollten wir uns Klettereien ersparen und haben daher den einfachsten, wenn auch langen Weg – an der (geschlossenen) Tannheimer Hütte und unterhalb der Kellespitze vorbei – über das Sabachjoch zur Musauer Alm im Reintal (nächstes Bild) genommen. Dafür haben wir insgesamt vier Stunden gebraucht, sodass eine längere Rast fällig war. Das Reintal wird durch die aus dem Schartschrofen (links), dem Hallerschrofen (Bildmitte) und der Läuferspitze (rechts) gebildeten Kette abgeschlossen; im Talschluss befinden sich mehrere Gasthäuser und Herbergen, die von der Sonnenalm im Abstieg erreicht werden können.

Nach der Alm ging es problemlos in gut zwei Stunden talaus zum GH Bärenfalle und weiter zur Haltestelle Pflach (840 m) der Bahnlinie Reutte – Pfronten, die uns zu unserem Auto zurückgebracht hat.

Die nächsten zwei Tage haben wir auf einem Campingplatz am Haldensee Quartier genommen und sind mit der Seilbahn zur Sonnenalm hochgefahren. Da war zuerst wieder leichtes Klettern angesagt. In ca. 30 Minuten erklommen wir die neben der Alm stehende Läuferspitze (1.956 m), um dann nach „hinten" abzusteigen und zur Alm zurückzukehren. Tags darauf bestiegen wir noch einmal einen Zweitausender, und zwar die ziemlich isoliert nordöstlich der Alm stehende Große Schlicke (2.059 m). Dazu mussten wir zunächst einmal ein Stück den Weg ins Reintal verfolgen. Nach ca. 45 Minuten (und kaum Höhenverlust) ging es dann links zunächst nur mäßig steil, zuletzt steiler auf den Gipfel mit weithin sichtbarem Kreuz zu. Nach knapp einer Stunde waren wir oben. Schöne Aussicht nach Bayern hinaus sowie auf den Hauptkamm der Tannheimer Berge, vom Aggenstein im Westen bis zum zentralen Teil im Süden.

10 Die Latschenhütte hoch über Imst (111)

Den Tag vor dem Besuch des Pitztales und der Besteigung des Mittagskogels (siehe „Zentralalpen II") verbrachten wir in Imst und fuhren mit einem Sessellift zur Untermarkter Alm (1.491 m) hinauf. Von dort aus erwanderten wir – zuerst auf einer Fahrstraße, auf halber Strecke dann zum Bach hinunter und auf dem „Jägersteig" (rechts) – die urige und gastliche Latschenhütte (1.623 m) in 40 Minuten. Zurück in 30 Minuten zur Gänze auf der „kinderwagentauglichen" Fahrstraße.

Das Unternehmen lässt sich durch einen Besuch der Muttekopfhütte (1.934 m) erweitern. Diese ist mit der Bergstation Alpjoch (2.050 m) der zweiten Sektion des Imster Sesselliftes durch den (Trittsicherheit erfordernden) Drischlsteig verbunden. Das untere, von der Latschenalm aufgenommene Foto zeigt im Hintergrund den Muttekopf (2.774 m) und genau unter dem Gipfel in Bildmitte die gleichnamige Hütte.

Zu dieser kann man von der Latschenhütte einem Prospekt zufolge bequem in einer Stunde aufsteigen. Und noch etwas: Die Untermarkter Alm ist Startpunkt des 3,5 km langen Imster Alpine Coasters, der (angeblich) längsten Sommerrodelbahn der Alpen.

11 Ein Wanderweg zur Rofanspitze (222)

Das kleine Rofangebirge westlich vom Achensee erreicht mit der Rofanspitze (2.259 m) seine größte Höhe. Von Maurach an der Achenseestraße geht eine Seilbahn zur Erfurter Hütte (1.831 m) hoch, und von dort erreicht man auf einem schönem Wanderweg in etwa zwei Stunden den Grasberg, aus dem nur im Gipfelbereich ein paar Felsen hervortreten.

Über Wiesenmatten zur Rofanspitze (hinten halblinks)

Zur Achenseestraße B181 muss man von der österr. A12 (Inntal-Autobahn) bei der entsprechend beschilderten Ausfahrt abfahren, Maurach befindet sich am Südende des Sees. Wer von Norden kommt und nicht den Umweg über Rosenheim und Kufstein machen will, der kann auf Bundesstraßen über Bad Tölz oder den Tegernsee anreisen und gelangt zuletzt auf die deutsche B307, in welche die österr. B181 einmündet.

Der Gang zur Rofanspitze besticht vor allem durch den im nächsten Bild dokumentierten Blick nach Süden ins Zillertal hinein und auf den Alpenhauptkamm. Für den Rückweg zur Erfurter Hütte kommt bis zur Grubascharte (2.102 m), welche am Aufstiegsweg liegt, als Alternative auch ein Steig in Frage, der zunächst am Kamm verläuft und dann zur Scharte hinunterführt.

12 Im Wilden Kaiser (342)

Der Wilde Kaiser ist eine der bekanntesten Gruppen der Nördlichen Kalkalpen und hat mit der Ellmauer Halt (2.344 m) seinen höchsten Gipfel. Die wichtigste Nord-Süd-Querung führt über das Ellmauer Tor (ca. 2.000 m), wobei der Zugang von Norden auf dem Eggersteig durch die Steinerne Rinne der spektakulärere ist. Startplatz ist in diesem Fall das GH Griesner Alm (1.024 m), das über Fremdenzimmer verfügt und zu dem eine Mautstraße hinführt. Das Gasthaus ist auch für eine Wanderung zum Stripsenjochhaus (1.580 m) des OeAV Kufstein, der berühmten Aussichtswarte gegenüber den Kletterwänden von Fleischbank und Totenkirchl, ein empfehlenswerter Ausgangspunkt. Von Süden geht man das zum Ellmauer Tor hochführende Kübelkar am besten vom Parkplatz Wochenbrunner Alm (ca. 1.100 m) entweder direkt über die Gaudeamushütte (1.263 m) oder über die Gruttenhütte (1.620 m) und den Jubiläumssteig an. Der vom Ellmauer Tor zu besteigende Gipfel der Hinteren Goinger Halt (2.192 m) in wilder Felsszenerie sollte unbedingt „mitgenommen" werden.

St. Johann in Tirol, Going und Ellmau sind die bekanntesten Talorte. Sie liegen an der österr. B178, welche Wörgl (an der Inntal-Autobahn A12) mit Lofer und weiter (über das „kleine deutsche Eck") mit Salzburg verbindet. Zur Wochenbrunner Alm zweigt man bei Ellmau, zur Griesner Alm bei St. Johann auf der B176 nan Norden bzw. Kössen hin ab. Bei Griesenau, wohin man von Bayern aus über Reit im Winkl gelangen kann, mündet das Kaiserbachtal, in welches dann die Mautstraße bis zur Griesner Alm hineinzieht.

Vom Almgasthaus (Bild oben links, dahinter das Stripsenjoch) führt ein schöner, aber relativ steiler und kehrenreicher Weg meist durch Wald Richtung Stripsenjoch. Auf halber Strecke kann man bereits zur Steinernen Rinne (Bild oben rechts) hinaufsehen. Bei abnehmender Steigung kommt man nach einer guten Stunde zu einer Stelle, wo links der Eggersteig abzweigt. (Zu dem von hier aus bereits gut sichtbaren Stripsenjochhaus sind noch ca. 120 Höhenmeter zu überwinden.) Der Eggersteig führt zunächst leicht bergab, quert dann, gut gesichert, den Nordgrat der Fleischbank, und erreicht danach die Steinerne Rinne, die „Schlüsselstelle" der ganzen Tour.

Vor allem im unteren Teil ist der Steig steil und felsig, teilweise sind Drahtseile angebracht, „sicheres" Steigen ist das Gebot der Stunde, um nicht lockere Steine wegzutreten. Weiter oben ist die Rinne dann weniger steil, dafür umso „schotteriger". Schließlich wird der Sattel erreicht, der einen schönen Blick nach Süden gewährt; drei Stunden ab der Griesner Alm ist eine gute Zeit. Vergleichsweise gemütlich kann man von hier aus zum Gipfel der Hinteren Goinger Halt (Bild unten) hinaufsteigen, 50 Minuten hin und zurück.

Der kürzeste und bequemste Weg von Süden (Parkplatz Wochenbrunner Alm) führt über die Gaudeamushütte der DAV-Sektion Berlin und durch das Kübelkar in gut 2 ½ Stunden zum Ellmauer Tor hinauf. Eine Variante stellt der Aufstieg zur Gruttenhütte und der nahezu waagrechte Jubiläumssteig (Bild unten) dar.

35

Die große und gemütliche Gruttenhütte unter den Südwänden des Wilden Kaisers (Bild unten) ist für sich allein schon ein lohnendes Wanderziel, das auf dem schönen, allerdings mehrheitlich steilen Normalweg vom Parkplatz Wochenbrunner Alm aus sogar bei nebeligem Wetter ins Auge gefasst werden kann. Oder man geht vom Parkplatz zuerst zur Gaudeamushütte und dann entweder durch das Klamml (kurzer Klettersteig) oder bis zur Einmündung des Jubiläumssteiges ins Kübelkar auf ca. 1.600 m hinauf und dann auf dem Steig zur Gruttenhütte hinüber. Das Unternehmen nimmt im Aufstieg je nach Wegwahl zwischen einer guten Stunde (Normalweg), 1 ½ Stunden (Klamml) und zwei Stunden (Jubiläumssteig) in Anspruch.

13 Bürglhütte und Gaisstein (322)

Die nächsten vier Bergwanderungen sind in den Salzburger Grasbergen angesiedelt, die sich in der Schieferzone zwischen den diversen Salzburger Steinbergen und dem Salzachtal befinden. Zwischen dem Wilden Kaiser und diesem Tourengebiet besteht ein örtlicher Zusammenhang über die B161 von St. Johann über Kitzbühel und den Pass Thurn nach Mittersill. Von da aus führt die Salzachtal-Bundesstraße B168 über Stuhlfelden und Uttendorf nach Zell am See, dann nach Norden hin die B311 über Saalfelden nach Lofer und die B178 nach Unken nahe der Staatsgrenze zur BR Deutschland. Die Tourenbeschreibungen 13 bis 24 folgen diesem Wegverlauf.

Die oben abgebildete Bürglhütte (1.700 m) ist ein urtümliches Alm-gasthaus mit einigen Gästezimmern über dem Kuhstall. Die Wirt-schaft kann auf einer teilweise sehr engen Straße von Stuhlfelden mit dem Auto angefahren werden. Dahinter erhebt sich mit dem Gaisstein (2.365 m) der höchste Grasberg der ganzen Region, oft sogar als höchster Grasberg Europas gerühmt. Er kann von der Hütte aus in etwa zwei Stunden unschwierig erstiegen werden.

Stuhlfelden liegt an der B168 zwischen Mittersill und Uttendorf. Hier führt die bereits genannte Straße in Kehren den nördlich des Orts gelegenen Hang zu einem Parkplatz hinauf, von dem aus der restliche Weg zur Bürglhütte in einer guten Stunde natürlich auch zu Fuß zurückgelegt werden kann. Den unangenehmeren, zwar asphal-tierten, aber ausgesetzten Straßenabschnitt haben wir dann allerdings schon hinter uns, während die anschließende gute Naturstraße im Mühltal nur mehr mäßig steil ansteigt.

Gleich hinter der Hütte geht es auf der Straße kurz weiter, dann auf schönem felsdurchsetztem Wiesenweg durch ein Almengebiet, schließlich steiler werdend und in Serpentinen rechts hinauf und zuletzt in der linken Flanke des Gipfelaufbaues und auf dem Gras-rücken zum Gipfelkreuz. Die Aussicht ist durch den Blick auf die gesamte Tauernkette im Süden und die Kalkberge (Wilder Kaiser, Loferer und Leoganger Steinberge) im Norden und NO gekenn-zeichnet. Das nächste Bild zeigt letztere und davor das Saalachtal, in dem Saalbach und Hinterglemm liegen.

Wir verfolgen den nun etwas ausgesetzten Steig nach Norden weiter, steigen aber bereits nach ein paar Minuten links steil in das Almengebiet hinunter, das wir in einem weiten Bogen hinter dem Schwarzpalfen (2.203 m) bis zur Sinter(s)bachscharte (1.958 m) durchwandern. Hier nun geht es scharf links an der verfallenen Kesselalm vorbei auf einem zum Teil mit großen Steinen durchsetzten Weg zur Bürglhütte zurück. Dieser Rückweg ist weiter als der beschriebene Aufstieg, sodass dafür ebenfalls zwei Stunden zu veranschlagen sind.

14 Der Pinzgauer Spaziergang (222)

Die so bezeichnete Wanderung zwischen Schmittenhöhe (1.965 m) und Pass Thurn ist zwar kein Spaziergang, aber bei schönem Wetter eine touristisch harmlose Unternehmung auf durchwegs guten Wegen zwischen 1.700 und etwas über 2.000 Metern Seehöhe, die sich vor allem durch den ständigen Prachtblick auf die Kette der Hohen Tauern auszeichnet. Ein Problem ist nur die Länge des Weges und das Fehlen von bewirtschafteten Stützpunkten zwischen der Hochsonnbergalm (1.841 m) und der privaten Bürglhütte (1.700 m), die bereits genannt wurde. Das nächste Bild zeigt den Wegweiser von dort aus. Harald, abgesehen von meiner Frau und Sohn Roland mein beständigster Weggefährte, und ich haben den ca. 20 km langen Berggang allerdings von der Schmittenhöhe aus unternommen. Die angegebene Zeit (neun Stunden) wird noch zu kommentieren sein.

Da bei der Areitbahn, deren Talstation verkehrstechnisch günstig an der B168 liegt, im Sommer nur Sektion I (bis 1.400 m hinauf) in Betrieb ist, zumindest im Jahr 2000 war das so, muss für den Fall, dass eine zusätzliche Stunde Gehzeit und ein längerer Aufstieg vermieden werden sollen, die Seilbahn auf die Schmittenhöhe benützt werden. Deren Talstation mit großem Parkplatz liegt direkt in Zell am See bzw. dort an einer bereits exponierten Stelle oberhalb des Stadtzentrums.

Der Pinzgauer Spaziergang beginnt solchermaßen mit einem Abstieg von 1.965 m zum Kettingtörl (Alm) auf 1.780 m, dann geht es über den Kettingkogel (1.866 m) zur Kesselscharte (1.844 m). Hier zweigt ein Weg zur Pinzgauer Hütte (1.704 m) der Naturfreunde ab. Wer auf den ersten Teil des Pinzgauer Spazierganges verzichten will, der fährt mit der Areitbahn bis zur Mittelstation, wandert zu der hotelartig geführten TVN-Hütte und übernachtet dort.

Nach der Hochsonnbergalm, die nur knapp unterhalb unseres Weges liegt, steigt dieser zum Rohrertörl (1.919 m) mit schönem Blick nach Norden (Saalachtal, Leoganger Steinberge) wieder an. Bis hierher braucht man von der Schmittenhöhe knapp zwei Stunden.

Nun geht es südlich um den Gernkogel herum zur Klammscharte (1.993 m) mit Unterstandshütte und weiter immer in gleicher Höhe wiederum in zwei Stunden zur zweiten Unterstandshütte östlich des Hochkogels (2.249 m). Nach der Abzweigung zum (Saalbacher) Schattberg führt der Weg kurz nach Süden und unter dem Hochkogel auf die von Kaprun kommende Hochspannungsleitung zu, die nach einer weiteren Stunde unterquert wird.

Dann geht es, siehe Bild oben, an einem kleinen Bergsee vorbei in einer Höhe von knapp über 2.000 m und später zum Sommertor (1.932 m) hinunter mit Blick auf Hinterglemm. Jetzt müssen wir kurz ziemlich steil bergauf und dann wieder waagrecht südlich um den Pihappenkogel herum, wo wir nach weiteren zwei Stunden den ersten Blick auf die Bürglhütte werfen können. Unser Tagesziel wird nach mehrmaligem Bergauf – Bergab hoch über den Almböden bis zur Murnauer Scharte (ca. 1.950 m) und dann links hinunter über die Hochalm in wiederum zwei Stunden erreicht.

Die insgesamt neun Stunden Wegzeit beinhalten Pausen und sind recht großzügig gerechnet; gute Geher schaffen den Pinzgauer Spaziergang von der Schmittenhöhe bis zur Bürglhütte wohl in sieben

Stunden. Um den ganzen Weg bis zum Pass Thurn oder nach Jochberg hinunter auszugehen wäre aber noch eine gute Stunde anzuhängen. Harald und ich haben aber auf der Bürglhütte (über dem Kuhstall) übernachtet und sind am nächsten Tag in gut 1 ½ Stunden nach Stuhlfelden abgestiegen.

15 Hundstein und Schwalbenwand (242)

Der Hundstein (2.117 m) trägt das Startzerhaus des ÖTK, sodass die hier vorgestellte Tour auf zwei Tage aufgeteilt werden kann. Vom GH Waldheim (1.033 m) im Thumersbachgraben sind es zum Startzerhaus gut drei Stunden. Von dort lässt sich in 3 ½ Stunden auf einem Kammweg über den Schönwieskopf (1.994 m) die Schwalbenwand (2.011 m) erreichen und zum GH Mitterberghof (1.250 m) absteigen. Bis zum GH Waldheim ist dann noch eine Stunde zu veranschlagen.

Der Hundstein, links hinten der Hochkönig

Fährt man auf der B311 von Saalfelden nach Zell am See, so zweigt knapp vor Erreichen des Sees links eine Straße nach Thumersbach und in den Thumersbachgraben ab.

Vom Gasthaus-Parkplatz geht es zunächst auf der Straße talein, jedoch bald rechts auf einem mäßig steilen Waldweg in 1 ½ Stunden zur (unbewirtschafteten) Stoffenalm (1.637 m) hinauf. Weiter durch

41

Almgebiet bis zu einer Geländekante (1.945 m) mit erstem Gipfelblick (Bild oben) nach etwa einer Stunde, von dort zunächst waagrecht und zuletzt wieder bergauf in einem Rechtsbogen zur Hütte.
Gleich neben ihr steht ein kleines Gipfelkreuz, weit überragt von
einer rot-weiß-roten Fahne.

Am Hundsteingipfel: Gipfelkreuz abends und Tauernkette morgens

Die Aussicht ist nach allen Seiten hin sehr beeindruckend, besondere
Anziehungspunkte sind im Süden der Tauern-Hauptkamm mit dem
deutlich hervortretenden Wiesbachhorn, im Westen Zell am See und
darüber die Schmittenhöhe sowie rechts davon die Kalkketten vom
Wilden Kaiser über die Leoganger und Loferer Steinberge bis zum
Steinernen Meer und dem Hochkönig.

Am nächsten Tag steigen wir zunächst auf dem Hinweg bis zu der
genannten Geländekante ab, wo ein Kammweg beginnt, der über ein
Seelein (1.818 m) zuerst auf den Schönwieskopf und dann weiter zur
Schwalbenwand mit Blick in das Saalachtal führt, 1 ¾ Stunden ab
Statzerhaus. Von dort geht es über Almgebiet zu einem Kreuz hinunter und später durch Wald zum GH Mitterberghof, ebenfalls 1 ¾
Stunden. Von hier müssen wir nach einem vergeblichem Versuch,
das zu vermeiden, auf 950 m zur Straße absteigen und dann wieder
talein wandern, was noch eine Stunde in Anspruch nimmt.

42

Kamm mit Schwalbenwand, dahinter die Leoganger Steinberge

16 Das Langeck über Ma. Alm (221)

Im Jahr 2014 fand das Matura-kollegen-Treffen in Maria Alm statt. Neben einer Wanderung auf die Natrunhöhe (1.253 m) mit Seilbahnhilfe („Dorfjet") und anschließender Jause im großen Ausflugs-Gasthof Jufen haben wir dabei auch das Lang-eck (1.899 m) bestiegen. Nach Auffahrt mit einem Sessellift von Hintermoos aus auf ca. 1.420 m ging es in einer Stunde am GH Abergalm vorbei zur gastlichen Griesbach Alm (1.550 m) und dann über den Berg in zwei Stunden zur Seilbahn zurück.

Das Wahrzeichen von Maria Alm ist seine Kirche mit dem spitzen Turm (Bild oben). Zu dem bekannten Fremdenverkehrsort, der auch Ausgangs- und Endpunkt von Tour 18 ist, gelangt man über Saalfel-den, wo von der Saalachtal-Bundesstraße B311 die B164 nach Maria

Alm abzweigt, die dann weiter über Hintermoos, den Startpunkt des bereits genannten Sesselliftes namens Schwarzeckalmbahn, und den Filzensattel nach Dienten und Mühlbach am Hochkönig führt.

Die Wanderung von der Seilbahn-Bergstation über das GH Aberg-alm zur Griesbach Alm (Bild oben) verläuft auf einem Güterweg, der nur langsam an Höhe gewinnt. Nach der Einkehr weiter in Kehren an der Lohning-Almhütte vorbei zum Sattel im Süden des Langecks und von dort auf den Grasberg hinauf (Bild unten). Drüben hinunter zu dem Weg, der das Langeck rechts umgeht, und über Kuhweiden zur Bergstation der Schwarzeckalmbahn zurück.

Almidylle, im Hintergrund (wolkenverhangen) das Steinerne Meer

17 Auf den Hochkönig (352)

Den bei Tour 15 und 16 genann-ten Hochkönig (2.941 m) haben Rosemarie und ich im August 1974 vom Arthurhaus (1.502 m) aus bestiegen. Über die Mittel-feldalm (1.669 m) und am Fuß der Torsäule (Bild rechts) vor-bei gelangt man nach zwei Stun-den in ein weites, zunächst kaum ansteigendes Kar, aus dem dann aber ein Felssteig zum Firnfeld der Übergossenen Alm hinauf-führt. Hier zunächst nahezu waagrecht durch den Schnee und zuletzt wieder felsig und steil zum Matrashaus des ÖTK hinauf, das auf dem Gipfel steht. Alles in allem vier Stunden.

Abgesehen vom Gamsfeld (Tour 30), vom Brunnkogel (Tour 33) und vom Dachstein (2.995 m), dessen Besteigung im Jahr 1971 von der Hunerkogel-Seilbahnstation (ca. 2.700 m) aus über die Schulter aber kein vergleichbares Unternehmen war, ist der Hochkönig die am weitesten zurückliegende Tour, die in diesem Büchlein genannt wird. Angesichts der bald 50 Jahre alten Papierfotos, die ich damals gemacht habe, verzichte ich auf eine weitere bildliche Dokumentation, abgesehen von der bereits gezeigten imposanten Torsäule.

Aus der 1866 begründeten Berggaststätte Arthurhaus ist mit der Zeit ein Drei-Sterne-Alpenhotel geworden, das über eine 6 km lange Straße von Mühlbach am Hochkönig erreichbar ist. Dorthin gelangt man auf der B164, entweder von Saalfelden oder, wesentlich kürzer, von Bischofshofen (an der Tauern-Autobahn A10) aus.

18 Rundweg im Steinernen Meer (342)

Ausgangspunkt dieser sehr empfehlenswerten Unternehmung ist der Parkplatz Sandten nördlich von Maria Alm auf ca. 1.200 m. Von hier kann man zum Riemannhaus (2.130 m) auf gesichertem, aber zum Teil ausgesetztem Steig in 2 ½ Stunden hochsteigen und dann in die im Bild unten dokumentierte Weite des Steinernen Meeres eintauchen. Bis zur Ingolstädter Hütte (2.119 m) in mehrfachem Auf und Ab geht man etwa 3 ½ Stunden, weiter zum Funtenseehaus (1.610 m) hauptsächlich bergab in gut zwei Stunden und schließlich wieder bergauf zum Riemannhaus zurück in weniger als drei Stunden.

Von Maria Alm (Tour 16) führt ein Güterweg in nördlicher Richtung zu besagtem Parkplatz. Diesem weiter folgend kommt man zur Talstation der Materialseilbahn zum Riemannhaus. Nun geht es auf einem gesicherten Steig in die Felsen hinein, zuerst durch Latschen, dann über Felsbänder und zuletzt (ausgesetzt) auf einer betonierten Stiege zur einer Scharte (2.000 m) hinauf. Von hier führt der Weg nun wieder bequemer zum Riemannhaus unter dem Sommerstein (Bild rechts) hinüber.

Der Weiterweg bis zur Hütte des DAV Ingolstadt (Bild unten) ist Teil des Weitwanderweges E4. Zunächst steigt er mäßig steil bis zum Scheitelpunkt des gesamten Rundweges (Äulhöhe, 2.314 m) an und dann wieder zur sogenannten Wegscheid (2.150 m) ab, wo von rechts ein Weg vom Königssee heraufkommt. Von da geht es noch weiter bergab bis unter 2.000 m und dann wieder zu den Hühnerköpfen (2.100 m) hinauf, wo vor uns die Ingolstädter Hütte auftaucht.

Bis zu der unter dem Hundstod (2.594 m) als „Hausberg" liegenden Hütte benötigen wir allerdings in leichtem Auf und Ab noch eine halbe Stunde. Der Führerliteratur habe ich entnommen, dass zu dieser gemütlichen Herberge auch zwei je 4 ½ Stunden in Anspruch nehmende Wege von Pürzlbach (ca. 900 m) oder von Diesbach (ca. 700 m) im Saalachtal heraufführen.

Am nächsten Morgen wandern wir unter dem Hundstod bergab vom Ödland in die Grünzone (und in die BR Deutschland) hinein. Bei der Schönbichler Alm (ca. 1.800 m) kreuzen wir den Weg vom Königssee zur Wegscheid, dann geht es eine Weile eben dahin und schließlich mit zwei Steilstufen zu je 100 Höhenmetern in das Becken des Funtensees mit dem großen Funtenseehaus (1.610 m), auch Kärlingerhütte genannt, hinunter.

Kärlingerhütte und Funtensee im Rückblick

Der Funtensee, zu dem wir noch ein paar Meter absteigen müssen, ist malerisch in das ihn umgebende Almgelände eingebettet und schon für sich allein ein überaus lohnendes Wanderziel. Übrigens: Zwischen Riemannhaus und St. Bartholomä am Königssee ist einmal im Jahr ein Wallfahrtszug unterwegs, der das Funtenseehaus berührt.

Unser Rundweg führt am Seeufer entlang und dann in einem weiten Rechtsbogen wieder bergauf und in das Steinerne Meer hinein. Nahe der Schwarzen Lacke taucht vorne die Schönfeldspitze auf, 20 Minu-

48

ten später rechts vom Weg die nächste „Lacke" mit schönem Blick nach Norden auf Watzmann und Hohen Göll. Die Wunderquelle, die laut Karte bald danach sprudeln sollte, ist nicht identifizierbar, also offenbar ausgetrocknet, dafür ist das Salzburger Kreuz (2.150 m) nicht zu übersehen. Von da bis zum Riemannhaus sind es nur mehr gute 30 Minuten.

Auf dem Weg zum Riemannhaus: Die Schönfeldspitze (2.653 m)

Der ganze Rundweg, den ich im August 2003 mit Harald und Lois gegangen bin, ist für trittsichere Geher völlig unproblematisch, vergleichsweise unangenehm ist allerdings der Abstieg. Trotzdem: Das ist eine der schönsten Bergfahrten, die ich je unternommen habe, wozu allerdings auch das Wetter beigetragen hat. Hinsichtlich der Aufstiege zum Großen Hundstod und zur Schönfeldspitze geben z. B. die Bücher von Manfred Korbaj (Band 2) und den Auferbauers (siehe Literaturverzeichnis) Auskunft.

19 Über die Leoganger Steinberge (342)

Die Passauer Hütte (2.051 m) am Scheitelpunkt dieser schönen Unternehmung besitzt in Diesbach im Saalachtal einen eigenen Parkplatz (680 m). Für den – von der Länge abgesehen – ganz unproblematischen Aufstieg sind also vier Stunden zu berechnen, die Mühe wird aber allein schon durch den Prachtblick auf die ganze Tauern-

49

kette reichlich belohnt (Bild unten).Die höchste Erhebung der Leo-
ganger Steinberge ist das Birnhorn (2.634 m) und lässt sich von der
Hütte aus bei einiger Übung in ca. zwei Stunden bewältigtigen. Der
Abstieg von der Passauer Hütte zur Autobushaltestelle in Leogang
(788 m) erfolgt zunächst auf sehr steilem und ausgesetztem Felssteig,
wird aber zunehmend besser, drei Stunden sind dafür zu veranschla-
gen. Mit Autobussen über Saalfelden, wo man umsteigen muss, kann
man zum Ausgangspunkt der Überschreitung der Leoganger Stein-
berge in Diesbach zurück gelangen.

Blick auf die Tauernkette, in der Mitte hinten befindet sich der Groß-
glockner, von der Passauer Hütte aus, dazwischen die Grasberge

Der Parkplatz liegt, von Lofer aus gesehen, an der B311 ca. 6 km
hinter Weißbach auf der rechten Seite, wo auch eine Brücke über die
Saalach führt. Diese benützend und zunächst eben an einem Stein-
bruch vorbei geht es bald steil in Serpentinen den bewaldeten Hang
hinauf zu einer Forststraße und auf dieser bis zu einer Rechtskurve,
dort geradeaus wiederum in den Wald hinein und auf zum Teil waag-
rechtem Steig zur Hochgrub-Jagdhütte (ca. 1500 m), 2 ½ Stunden ab
Parkplatz. Der Weiterweg führt in das breite Hochgrubkar hinein, die
Passauer Hütte oben auf dem Sattel im Blickfeld, und mäßig steil in
1 ½ Stunden zu diesem aussichtsreichen und für Rast, Stärkung,
allenfalls auch Nächtigung bestens geeigneten Stützpunkt hinauf.
Letztere Option haben auch Harald und ich in Anspruch genommen.

Die nach Süden zu exponiert stehende Passauer Hütte

Der Blick nach Süden auf die Tauernkette ist schon erwähnt worden, links davon stehen der Hundstein, das Steinerne Meer und der Watzmann. Nach Osten hin fällt der Blick auf den hausnahen Klettergarten am Fahnenköpfl. Ansonsten gibt es noch die Steinberge rundum mit dem Birnhorn im Westen und den Loferer Steinbergen im Norden.

Das erste Stück des Abstiegsweges nach Leogang führt nach kurzer Querung Richtung Fahnenköpfl in Serpentinen durch eine steile Wand, wo der seilversicherte Steig zum Teil mit Betonstufen gangbar gemacht wurde (Bild rechts). Nach etwa 1 ½ Stunden zweigt ein Weg zum Birnbachloch, einer Karstquelle, ab. Wir halten uns links und gelangen durch Wald zum Hüttenparkplatz im Ullachtal (ca. 900 m) sowie von dort auf einer Asphaltstraße, an der Bahnstation Leogang/Steinberge vorbei, in den Ort zur Autobushaltestelle.

Der Anstieg auf das Birnhorn wird z. B. in dem im Literaturverzeichnis genannten Buch von Manfred Korbaj (Band 2) beschrieben. Im Auferbauer-Buch ist zusätzlich noch ein Hinweis auf den Abstecher zum Hochzint (2.246 m) und zum Birnbachloch enthalten.

20 Der Hochkranz im Saalachtal (341)

Der Hochkranz (1.953 m) liegt im NO der Leoganger Steinberge auf der orographisch rechten Seite des Saalachtales. In Weißbach zweigt eine Straße zu einem Parkplatz in Pürzlbach (ca. 900 m) ab. Von dort aus sind wir nahezu in der Direttissima, zuerst über Almwiesen, dann durch Wald- und Latschenbestand in Richtung Gipfel (Bild unten links) aufgestiegen. Nach 1 ½ Stunden haben wir den Weg erreicht, der von der Kallbrunnalm (1.462 m) daherkommt, und auf diesem ging es dann in einer Stunde durch Latschengassen und in leichter Kletterei zum Gipfel hoch (Bild unter rechts). Zurück nach Pützlbach in zwei Stunden über die besagte Alm und deren Zufahrt.

Diesen Berggang sowie am Vortag das Stadelhorn (Tour 23) und ein paar Jahre später den Traunstein (Tour 34) habe ich Ende September 1990 mit meinem Salzburger Berufs- und Fachkollegen Mag. Felix

Primetzhofer unternommen, dem das Verweilen im hochverdienten beruflichen Ruhestand leider viel zu kurz vergönnt war. Felix hat zusammen mit Univ.-Prof. Dr. Josef P. Tschupik (Innsbruck) den bundesweiten Arbeitskreis für Darstellende Geometrie (ADG) gegründet, den es heute noch gibt und in den auch ich mich aktiv eingebracht habe. Die Freundschaft mit diesem äußerst liebenswerten Menschen wurzelte in einer völligen Übereinstimmung in allen Fragen der Fachdidaktik, was mir als Lehrbuchautor natürlich besonders zugute gekommen ist, ging aber bald weit darüber hinaus. Ein ehrendes Gedenken hat Felix sich wahrlich verdient.

Die Kallbrunnalm gegen das Steinerne Meer

21 In den Loferer Steinbergen (342)

Jeden Bergfreund, der sich mit dem Auto von Salzburg über das „kleine deutsche Eck" nach Lofer begibt, wird die Felsenkulisse, die sich hinter Unken vor ihm auftut, faszinieren und zum näheren Kennenlernen animieren. Bei mir hat es allerdings bis zum Sommer 2004 gedauert, ehe ich die Sache in zwei Tagen mit Übernachtung auf der Schmidt-Zabierow-Hütte (1.983 m) zusammen mit Harald und Lois angegangen bin. Besagte Hütte ist der einzige Stützpunkt in den Loferer Steinbergen; sie ist vom Loferer Hochtal (je nach Parkplatz ca. 750 bis 800 m) in 3 ½ bis vier Stunden erreichbar.

Der höchste Berg der Gruppe ist das Große Ochsenhorn (2.511 m); es kann von der Hütte aus, wegen ungesicherter Kletterstellen nicht ganz leicht, in 2 ½ Stunden bewältigt werden. Der nachfolgende Abstieg über den Schärdinger Steig und den Wechsel zurück ins Hochtal ist unter fünf Stunden nicht zu machen, genau so lang braucht man ohne Gipfelbesteigung von der Hütte aus. Wer nicht ins Hochtal zurück muss, der erspart sich den Aufstieg zum Wechsel und kann von der Wallfahrtskirche Ma. Kirchenthal, einem Werk J. B. Fischer von Erlachs, über den Tiroler Steig und einen schattigen Waldweg direkt nach Lofer absteigen. Von St. Martin an der B311 führt nach Ma. Kirchenthal eine Mautstraße herauf.

Besagte Hütte steht im Sattel „links vom Loferer Kirchturm"

Vom Loferer Ortszentrum – nicht auf der Umfahrungsstraße B178 – fahren wir Richtung St. Johann in Tirol, biegen aber schon nach 2 km links in das Loferer Hochtal ein. Für den Rückweg über den Schärdinger Steig ist es günstig, gleich dort zu parken, wo der Weg vom Wechsel herunterkommt, ansonsten lässt sich der Aufstieg zur Schmidt-Zabierow-Hütte abkürzen, wenn man so weit wie erlaubt (an einem Munitionslagerplatz des Bundesheeres vorbei) ins Tal hineinfährt. Der Weg zur Hütte ist Teil des Weitwanderweges E4. Er führt – sehr gepflegt – zunächst entlang der Schwarzwand, dann durchs untere und mittlere Tret bis zum ersten Hüttenblick auf ca. 1.750 m. Von dort sind es durch das obere Tret noch 30 bis 45 Minuten zu der schön auf einem Hügel zwischen Reifhorn (im Süden) und

Breithorn (im Norden) gelegenen Hütte (Bild unten), die übrigens von Lofer aus zu sehen ist, wenn man weiß, wo man suchen muss.

Als Abendspaziergang von gut 2 ½ Stunden (hin und zurück) sei der Weiterweg nach Westen zum Wehrgrubenjoch (2.218 m) zwischen Reif- und Hinterhorn empfohlen.

Zunächst steigen wir in die Große Wehrgrube auf ca. 1.900 m ab und dann über Karstplatten und an Dolinen vorbei, zuletzt in leichter, gut gesicherter Kletterei zum Joch hinauf. An geschützten Stellen finden sogar auf diesem kargen Boden Blumen ihr Auslangen, wie diese Gemswurz rechts im Bild. Vom Joch schauen wir ins Tirolerische nach St. Ulrich am Pillersee hinunter, von wo ein Steig heraufkommt, links grüßt das Kitzbühler Horn, rechts der Wilde Kaiser (Tour 12) herüber.

Am nächsten Morgen führt uns der Weg in einer guten Stunde von der Hütte bergab – bergauf – bergab in die Kleine Wehrgrube zwi-

55

schen Reifhorn und Ochsenhorn, von wo aus in einem Linksbogen der Zustieg zum Ochsenhorn-Gipfel auf ca. 2.000 m erreicht wird, wo wir die Rucksäcke parken. Zunächst in einer Rinne hinauf, dann über Schrofen und Bänder in Richtung „Daumen", einem auffälligen Felszacken am Grat, dann nach links in leichter Kletterei, zehn Minuten unter dem Gipfel eine ausgesetzte Stelle, und zuletzt wieder flacher zum Kreuz hinauf (Bild unten). Sehr schöne Aussicht, von Osten nach Südwesten die Berchtesgadener Berge, das Steinerne Meer (Tour 17), der Tauernhauptkamm und die Leoganger Steinberge (Tour 18).

Zurück zu den Rucksäcken nicht viel schneller als im Aufstieg, von dort nochmals leicht bergauf und dann steil in ein Schuttkar hinunter. Am Ausgang dieses Kares steht auf ca. 1.780 m und eine knappe Stunde ab dem Rucksackparkplatz eine gemütlich eingerichtete Biwakschachtel, da könnte man es schon aushalten. Nun den eher schlechten, vor allem rutschigen Schärdinger Steig hinunter – die Stöcke sind ein Segen – und nach links durch eine bewaldete steile Rinne; im Vorblick taucht unten die Kirche von Ma. Kirchenthal auf.

Nach 1 ½ bis zwei Stunden zweigt auf einer Seehöhe von ca. 900 m links der Weg über den Wechsel (1.048 m) in das Loferer Hochtal ab, das man nahe seinem Ausgang erreicht und wofür noch etwa 1 ¼ Stunden zu veranschlagen sind.

22 Auf die Loferer Alm (121)

Mitten in Lofer befindet sich die Talstation einer vor gut zehn Jahren generalsanierten Gondelbahn, die auf den Loderbichl (1.002 m) hinaufführt. Von dort aus kann man auf verschiedenen Wegen zur Loferer Alm aufsteigen, der schönste davon ist wohl der Wasserfallweg, auf dem man dafür 1 ½ Stunden benötigt. Auf der Alm gibt es mehrere Gastwirtschaften, darunter das aussichtsreiche, weil relativ hoch gelegene Haus Schönblick (1.425 m). Zum etwas tiefer gelegenen GH Soderkaser führt vom Loderbichl eine Straße herauf, auf der auch Taxis verkehren.

Die Loferer Alm, dahinter (rechts) die Loferer Steinberge

23 Reiter Alpe – Stadelhorn (352)

Unter den „Steinbergen" des Salzburger Pinzgaues ist die Reiter Alpe an der Grenze zum Berchtesgadener Land eher zweitrangig und auch ihre höchste Erhebung, das Stadelhorn, bleibt mit 2.286 m hinter der Schönfeldspitze, dem Birnhorn und dem Ochsenhorn zurück. Gleichwohl ist seine Besteigung von ca. 900 m Seehöhe aus und wegen einer nicht ganz steinschlagsicheren Kletterpassage ein durchaus ernsthaftes, aber abwechslungs- und aussichtsreiches Unternehmen, welches im Aufstieg ca. 4 ½ Stunden in Anspruch nimmt.

Von der B178 zweigt ein paar Kilometer nördlich von Lofer rechter Hand eine Straße nach Au ab, die mit dem Auto bis zum GH Mayrberg weiter verfolgt werden kann. Dort beginnt der lange Zustieg zu unserem Bergziel (Bild links), zuerst noch auf der Forststraße, dann auf einem Waldweg zu einer Jagdhütte und weiter mäßig steil in einem kleinen, latschenbewachsenen Kar zum Hochgscheidsattel auf ca. 1.800 m hinauf, der nach gut 2 ½ Stunden erreicht wird.

Vom Sattel braucht es noch ca. 30 Minuten bis zum Einstieg in die schon erwähnte Kletterpassage, die uns in wiederum 30 Minuten zur Mayrbergscharte auf 2.057 m hinaufführt. Das untere Bild zeigt den Blick von der Scharte nach SW an den Loferer Steinbergen vorbei auf den Großvenediger und die Zillertaler Alpen.

Nach der Scharte geht es nun rechts in vergleichsweise leichter Kletterei in 45 Minuten zum Gipfel hinauf, der eine wirklich sehr schöne und informative Aussicht bietet, vom Dachstein im Osten über den nahen Hochkalter und den Hochkönig mit der Übergossenen Alm (Bild unten), dann im Süden das Steinerne Meer und dahinter die Glocknergruppe, schließlich nach Westen hin Leoganger und Loferer Steinberge sowie der Wilde Kaiser, dahinter der Tiroler Alpenhauptkamm.

Für den Rückweg auf gleicher Strecke, der Abstieg von der Mayrbergscharte zum Hochgscheidsattel war eine letzte Herausforderung, haben wir 3 ¼ Stunden gebraucht.

24 Das Sonntagshorn über'm Heutal (241)

Das Sonntagshorn (1.961 m) ist die höchste Erhebung der Chiemgauer Alpen und ein Grenzberg zwischen Österreich und Deutschland. Der Berg ist zwar als Gipfelziel nicht sehr bekannt, aber ganz gewiss zu Unrecht, wie ich mir nach seiner Besteigung im Sommer 2011 zu sagen erlaube. Außerdem: Von Kennern ist er aus verschiedenen Blickwinkeln leicht identifizierbar; zum Beispiel hat man ihn, auf der Autobahn von München nach Salzburg unterwegs, spätestens ab der Chiemsee-Passage rechts vorne im Blickfeld. Vom Parkplatz Heutalbauer (950 m) ausgehend ist das Sonntagshorn in drei Stunden ziemlich problemlos ersteigbar. Auf halbem Weg lädt das GH Hochalm zur Rast ein.

Das Sonntagshorn, vom GH Heutalwirt aus gesehen

Der Ort Unken liegt kaum 10 km nördlich von Lofer, wird von der B178 aber in einem Tunnel umfahren. Um ins Heutal zu kommen muss man in den Ort hinein, von wo eine kurvenreiche, teils steile Bergstraße bis zum Hotel Heutaler Hof führt. Bereits davor zweigt rechts eine Stichstraße zum Parkplatz Heutalbauer (mit Kletterwand) ab, ein paar 100 m nach dieser Abzweigung ist der Gasthof Heutalwirt eine gute Adresse für Speis', Trank und Nächtigung, welche Harald und ich in Anspruch genommen haben.

Vom Parkplatz geht es zunächst auf einem Forstweg und dann auf einem Steig in Bachnähe aufwärts. Nach knapp 1 ½ Stunden ist in einer Höhe von rund 1.400 m das Almengebiet erreicht (Bild links), wo ein Güterweg benutzt werden kann, der auf eine Einsattelung rechts vom Gipfel zuführt. Unter dieser zweigt ein Steig links von der Straße ab, der bald im Zickzack (ca. 30 Kehren) zum felsigen Grat und auf diesem zum Gipfel hinauf führt.

Die Sicht ist an diesem Tag leider nicht gut. Das obige Bild zeigt den Blick nach Westen, rechts davon hätte irgendwo der Chiemsee heraufblinken müssen. Unter optimalen Sichtbedingungen kann man angeblich im NW sogar München ausnehmen. Im NO müsste der Hochstaufen (Tour 04) markant hervortreten, nach Osten und Süden hin wären die Berchtesgadener und die Salzburger Steinberge sowie dahinter der Alpenhauptkamm zu erwarten.

Dafür beleben zahlreiche Bergdohlen den Gipfel und gebärden sich frech wie überall.

Der Abstieg erfolgt zunächst auf dem Hinweg, im Almengebiet zweigen wir aber dann links zur Einkehr im GH Hochalm ab. Von dort geht es auf einem Güterweg an Ferienunterkünften vorbei bis zu einem (hinter einem Felsen versteckten) Marterl. Hier steigen wir rechts steil durch den Wald zum eingangs genannten Forstweg hinunter und kehren auf diesem zum Parkplatz zurück.

Das GH Hochalm auf ca. 1.400 m Seehöhe

Der Abstieg durch den Wald ist etwas unangenehm und schlecht markiert. Er kann vermieden werden, wenn vom GH Hochalm zum Aufstiegsweg hinübergequert und auf diesem abgestiegen wird.

Salzkammergut

Für einen in der Stadt Steyr Beheimateten liegt zwar die Eisenwurzen mehr „vor der Haustür" als das Salzkammergut, doch übte Letztes von Anfang an eine große Anziehungskraft auf mich aus. (Der Dachstein ist schon erwähnt worden. Aber auch die Postalm, das Höllengebirge und das westliche Tote Gebirge waren frühe Zielgebiete.) Anders als bei der Eisenwurzen habe ich aber nur wenige Salzkammergut-Touren in späteren Jahren wiederholt. Deswegen besteht ein gewisser Notstand an eigenem und noch brauchbarem Bildmaterial, das notwendig ist, um die bisherige Art der Berichterstattung beibehalten zu können. Ich schicke das voraus, um damit zu begründen, warum die Anzahl der (gleichwohl allesamt einladenden) Tourenberichte in diesem Abschnitt relativ bescheiden ausfällt.

25 Ein Nachbar der Drachenwand (321)

Drachenwand (links) und Schober (rechts)

Nicht leicht zu übersehen ist die zum See senkrecht abfallende Drachenwand für Autofahrer, die auf der (österr.) A1 zwischen Thalgau und (dem) Mondsee unterwegs sind. Weniger markant, aber höher ist der (Salzburger) Schober (1.329 m), dessen felsiges Haupt westlich der Drachenwand aus dem Wald herausragt und der vom GH War-

63

tenfels (925 m) nahe der gleichnamigen Ruine aus in einer guten Stunde erstiegen werden kann.

Die Zufahrt zu besagtem Gasthaus zweigt als Vordereggstraße von der Thalgauegg-Landesstraße, welche Thalgau mit Fuschl verbindet, beim Weiler Egg ab. Der beim Gasthaus-Parkplatz beginnende Waldweg mündet bald in einen Steig, der zunehmend zum Klettersteig wird, aber schön angelegt, gut erhalten und nirgends ausgesetzt ist. Am Gipfel mit Blick auf die Osterhorngruppe, den Schafberg und die Salzkammergutseen steht eine kleine Unterstandshütte. Abstieg wie Aufstieg, nur etwas schneller.

26 Bleckwandhütte und Bleckwand (121)

Diese vergleichsweise kleine Tour auf die Bleckwand (1.541 m) südlich des Wolfgangsees kann von einem Parkplatz in ca. 1.200 m Höhe angegangen werden, der Weg bis zur Bleckwandhütte (1.329 m) beansprucht etwa 30 Minuten, maximal ebensoviel Zeit braucht man von der Hütte bis zum Gipfel. Blickfang von dort sind vor allem der Wolfgangsee und der sich darüber erhebende Schafberg.

Der genannte Parkplatz wird auf einer mautpflichtigen Forststraße erreicht, die zwischen St. Gilgen und Strobl von der B158 nach rechts abzweigt. Ein Waldweg führt mäßig steil nach links in der Westflanke der Bleckwand zur urtümlichen, in der Zwischenkriegszeit von Bediensteten der Lokalbahn zwischen Salzburg nach Bad Ischl erbauten TNV-Hütte hinauf. Dann folgt man dem Höhenrücken, wobei eine Forststraße mehrmals überquert werden muss, bis zum Gipfel.

Andere Anstiegswege sind u. a. im Buch von Hannes Loderbauer (siehe Literaturverzeichnis) beschrieben.

27 Schafbergalm und Schafberg (241)

Der Schafberg (1.782 m) im Salzkammergut ist eine Aussichtswarte erster Güte, auf die man ohne jede Anstrengung mit einer Zahnradbahn von St. Wolfgang (549 m) aus gelangen kann. Für Senioren bietet sich an, die Bahn wenigstens teilweise als Aufstiegs- oder Abstiegshilfe zu benützen. (Betriebszeit: 1. Mai bis 26. Oktober, ohne Gewähr.) Bei der Jausenstation Aschinger (ca. 650 m) und auf der Schafbergalm (ca. 1.380 m) sind Haltestellen. Auf dem Gipfel stehen ein Hotel und die Himmelpforthütte.

Schafbergalm mit der Gleistrasse und Blick zum Schafberggipfel

Von der B 158 (Salzburg – Bad Ischl) zweigt bei Strobl eine Stichstraße nach St. Wolfgang ab. Der hier beschriebene Fußweg auf den Schafberg von diesem Ort aus ist wohl der kürzeste; weitere Anstiege von St. Wolfgang, von St. Gilgen, vom Mond- oder vom Attersee können u. a. den im Literaturverzeichnis genannten Büchern von Hannes Loderbauer und Hans Pilz entnommen werden. Dort sind zudem Hinweise auf alle Sehenswürdigkeiten von St. Wolfgang, das einer Operette als Schauplatz dienende Hotel „Weißes Rössl" und die Meisterwerke Michael Pachers und Thomas Schwanthalers in der dortigen Wallfahrtskirche enthalten.

Von St. Wolfgang kann man zum Aschinger mit dem Auto zufahren, von wo aus es recht steil, aber schattig auf einem Karrenweg zur (unbewirtschafteten) Dorneralm (mit Wasserstelle) hinauf geht. Wenn die Bahn fährt dringt ihr Rattern und Pfeifen von rechts oben durch den Wald. Von der Dorneralm nun etwas weniger steil links um den Aigerriedl (1.326 m) herum zur Schafbergalm mit fünf Häusern, eines davon die Naturfreunde-Hütte, etwas unterhalb ein großes Gasthaus und die Haltestelle der Zahnradbahn.

Vom Aschinger bis zur Alm sind es etwa zwei Stunden, die wirklich gut angelegt sind. Hier saß ich mit meiner Frau am 3. November 2001 in der warmen Herbstsonne, alle Hütten waren bereits zu, die Bahn eingestellt, daher himmlische Ruhe, gute Luft und klare Sicht auf die Salzburger Berge.

Von der Alm geht es in einer Stunde über felsdurchsetzte, im Frühsommer reich blühende Bergwiesen zum frei sichtbaren Gipfel mit dem etwas groß geratenen Hotel, das sich aus einer 1839 errichteten einfachen Unterkunft entwickelt hat, knapp darunter die Bergstation der Zahnradbahn. Die Himmelpforthütte (Bild unten) ist hingegen erst 1938 als Almhütte erbaut worden; hier endet ein neben den Nordabstürzen des Berges steil heraufkommender Felssteig.

Zwischen Hotel und Hütte sichert vor dem Absturz (300 m) nur ein einfaches Holzgeländer. Dem Blick von hier heroben verdankt der Schafberg (neben dem Dach- und dem Traunstein) seine Vorzugsstellung unter den Salzkammergutbergen. Ihn umspülen drei namhafte Seen (Attersee, Mondsee, Wolfgangsee), der Fuschl- und der Irrsee sind in Sichtweite, im SO leuchtet der gletscherverzierte Dachstein herüber, es folgen die Postalm und die Osterhorngruppe im Süden, dahinter das Tennengebirge, der Hochkönig und der Tauernkamm, weiter rechts schließlich noch der Hohe Göll, der Watzmann und die anderen Kalkberge im salzburgisch-bayrischen Grenzgebiet.

Schafberg-Nordabstürze, unter der Nebeldecke liegt der Attersee, dahinter das Höllengebirge

28 Rund um den Gosaukamm (332)

Folgen wir der B158 weiter nach Bad Ischl und dann der B145 nach Süden, so zweigt von dieser hinter Bad Goisern die B166 zum Hallstätter See ab, auf der man nach einem scharfen Richtungswechsel nach Westen Gosau erreicht. Dieser Ort ist Ausgangspunkt der nächsten drei hier beschriebenen Bergfahrten. Die erstgenannte habe ich im September 1998 mit Harald unternommen, die zwei folgenden anlässlich eines der jährlichen Treffen mit Maturakollegen im September 2018. Dabei handelt es sich um gemütliche Wanderungen in traumhafter Landschaft, und zwar vom Vorderen zum Hinteren Gosausee sowie zum Hochmoor Löckermoos und zur Plankensteinalm. Zur Anfahrt dorthin haben wir den Gosauer Bummelzug benützt.

Die Umrundung des Gosaukammes, Bild oben und Wegskizze unten links, gehört zu den attraktivsten Unternehmungen im Salzkammergut. Sie erfordert bei Lift-Auffahrt zur Gablonzerhütte gegen den Uhrzeiger mindestens 7 ½ Stunden reine Gehzeit, die Angaben auf Wegweisern und in der Führerliteratur sind recht unterschiedlich.

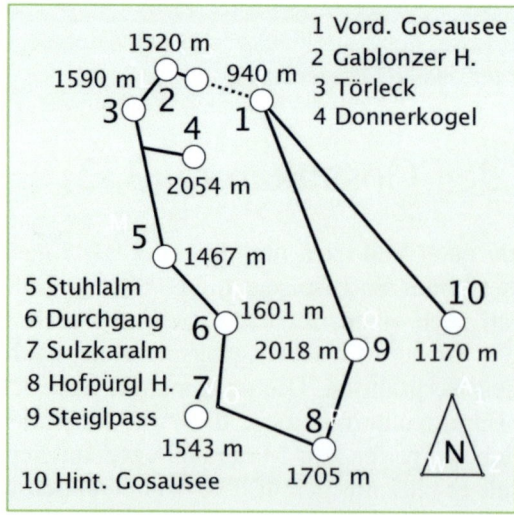

Abgesehen von der Bergstation der Seilbahn (ca. 1.460 m) enthält die Wegskizze links alle Höhenangaben. Nächtigung auf der Hofpürglhütte ermöglicht auch die Ersteigung des Großen Donnerkogels, der im Bild oben rechts der Mitte markant hervortritt, was gute zwei zusätzliche Stunden beansprucht.

Die Talstation der Gosaukammbahn steht unmittelbar am Ende der Straße von Gosau zum Vorderen Gosausee, wo es natürlich auch einen großen Parkplatz gibt. Von der Bergstation führt ein Panoramaweg in zehn Minuten zur Gablonzerhütte, wo der auf der Westseite des Kammes verlaufende Austria-Weg beginnt, der uns gleich ziemlich steil zu einem Sattel unter dem Törleck hinauf leitet. Das Bild links oben zeigt den Blick auf den Dachstein von da aus. Jetzt geht es bergab, wo wir bald auf einen Wegweiser treffen. Dieser gibt von der Gablonzerhütte bis hierher eine Wegzeit von 15 Minuten an, für den Weiterweg bis zur Stuhlalm knappe 1 ½ Stunden und für den Normalweg auf den Donnerkogel, der hier abzweigt, 1 ¼ Stunden.

Meinem Tourenbuch entnehme ich, dass dieser Weg zunächst nur schwach steigend durch Latschen in südöstlicher Richtung zu einer felsigen Hangquerung führt und erst im letzten Viertel steil nach links hinauf zum Gipfelkreuz. Die Aussicht ist nach allen Richtungen hin exzellent, am eindrucksvollsten aber wohl in Richtung des Kammverlaufes, wo links der Dachstein und rechts mit der Großen Bischofsmütze (2.458 m) der höchste Berg im Gosaukamm herübergrüßen. Das damals gemachte Foto ist zwar sehr informativ, aber leider zu unscharf für eine Veröffentlichung. Dafür werden die nächsten zwei Bilder von der Bischofsmütze im Hintergrund dominiert.

Sie zeigen (oben) die Stuhlalm, eine sehr gemütliche Raststätte, in deren Nähe sich auch eine nach dem Freiheitsdichter Theodor Körner benannte Hütte des OeAV (Akad. Sektion Wien) befindet, und (unten) die mächtige Hofpürgl-Hütte der OeAV-Sektion Linz am Ende des Austria-Weges. Dieser ist schon zur Stuhlalm hin etwas problematisch, wiewohl es vom Törleck-Sattel mehrheitlich bergab geht, indem z. B. mehrere vom Kamm herabfließende Schuttströme gequert werden müssen. Nach der Alm steigt er dann zu einer Scharte an, um nach diesem „Durchgang" in einem leichten Auf und Ab oberhalb der Sulzkaralm zur Hofpürglhütte hinüber zu führen.

Am nächsten Morgen sind Harald und ich dann in einer guten Stunde steil und auf teilweise ausgesetztem, aber seilgesichertem Weg zum Steiglpass im Osten der Bischofsmütze aufgestiegen. Diese ist von hier aus natürlich dominant, aber auch der Blick zum Dachstein hinüber und nach Süden zum Alpenhauptkamm hin ist beeindruckend.

Weiter geht es nun auf dem Steiglweg, zunächst in wilder Felslandschaft durch gestuftes Karstgelände in ein Hochtal hinunter und weiter durch die Eisgrube ins von Latschen bewachsene Ahornkar und zur Hinteren Scharwandalm mit einer Gedenkstätte für verunglückte Bergsteiger. Weiter, nun bereits im Wald, an einer Jagdhütte und der (unbewirtschafteten) Scharwandhütte vorbei zuletzt steil zum Vorderen Gosausee hinunter. Ankunft um die Mittagszeit, daher Gegenlichtaufnahme.

29 Zum Hinteren Gosausee (111)

Wohl eine der schönsten leichten Wanderungen, die ich je gemacht habe, wenngleich sich der Weg vom Parkplatz am Vorderen Gosausee (940 m) bis zum GH Holzmeisteralm (1.170 m) am Südende des Hinteren Gosausees (6,5 km) ziemlich „zieht". Ich habe dafür fast zwei Stunden gebraucht, der größere Teil unserer Gruppe etwas länger, und zwei Teilnehmer waren froh darüber, für den Rückweg den eingerichteten Taxidienst in Anspruch nehmen zu können.

Zuerst an der Ostseite (oder auch an der Westseite) des Vorderen Gosausees den ganzen See entlang, dann leicht bergan, aber auch mit kleinen Abstiegen, durch Wald- und Weideland, zuletzt am Westufer des Hinteren Gosausees zur bereits genannten Gastwirtschaft.

Das wohl bekannteste Salzkammergutfoto: Der Hohe Dachstein
mit dem Gosaugletscher vom Vorderen Gosausee aus gesehen

Zwischen den beiden Seen kommt man (von Norden her) zunächst
zur Niederen Holzmeisteralm, wo ein sehr ansehnliches Jagdhaus
samt Nebengebäuden steht, und dann, ziemlich auf halber Strecke,
zur sogenannten Gosaulacke. Diese ist ein episodales Kleingewässer
von geringer Tiefe, das vornehmlich von einer Karstquelle her eine
geringe dauerhafte Wassereinspeisung erhält. In Trockenperioden
dagegen verschwindet die Gosaulacke gänzlich.

Der Blick auf den Hinteren Gosausee vom GH Holzmeisteralm aus

30 Löckermoos und Plankensteinalm (211)

Die Moor- und Almenlandschaft liegt im Osten von Gosau dem Plas-
sen (1.853 m) zu, welcher das obere Gosautal vom Hallstättersee
trennt. Ihre Erwanderung bedingt, wenn das Unternehmen entweder
mit kleineren Kindern durchgeführt oder als Seniorentour durchge-
hen soll, einer Anfahrt mit dem Gosauer Bummelzug, der allerdings
nur an gewissen Tagen zwischen Gosau und der Bergstation „Lök-
kermoos" (1.350 m) verkehrt. Von dort führt ein Rundweg zum Lök-
kersee und zur Grubalm, beide auf ca. 1.400 m Seehöhe; wer es et-
was „zünftiger" haben will, der steigt in gut 1 ½ Stunden zur Plan-
kensteinalm (ca. 1.550 m) hinauf.

Der Löckersee, dahinter der Donnerkogel im nördl. Gosaukamm

Mit den „Löckern", von denen das Hochmoor den Namen hat, meint
man in der Gosauer Mundart die Latschen (Legföhren). Auf der leh-
migen Abdeckung der Sandsteinlager ist durch die Staunässe
nur Moos gewachsen. Die unteren Teile des Mooses sind abgestor-
ben, die Spitzen sind weiter gewachsen. Da sich das über Jahrtau-
sende abgespielt hat, ist ein kuppelförmiges Torflager entstanden,
und in einer durch den Torfabbau im letzten Jahrhundert entstande-
nen Mulde hat sich der Löckersee gebildet. Eine weitere Erwerbs-
quelle für die Gosauer war der Abbau von Gestein zur Herstellung
von Schleifsteinen. Auch das hat Spuren hinterlassen; so stehen hier
heroben auch mehrere Schleifsteinhauerhütten.

Die Grubalm und dahinter nochmals der Donnerkogel

„Meine" Gruppe hat (mit Musikbegleitung) den Weg zum Löckersee genommen, während ich auf dem „Moorweg" direkt zur Grubalm gegangen und von dort zur Plankensteinalm aufgestiegen bin.

Der Weg dorthin verläuft ab der Grubalm zunächst auf einer Forststraße fast steigungslos, ehe es rechts steil und steinig in den Wald hinein geht. Wo dieser endet betritt man die weitläufige Alm unter dem Plassen mit Kühen, Pferden und vielen Hütten, einige davon werden wohl auch als Urlaubsquartiere genutzt. Die Gastwirtschaft (im unteren Bild links ganz hinten) ist gar nicht so leicht zu finden.

Ich bin der einzige Gast und die Wirtin erzählt mir, dass mehrheitlich Mountainbiker zu ihr kommen, indem die bereits erwähnte Forststraße hier heroben endet. Ich benutze daher im Abstieg diese Straße, die mich, weit ausholend, zur Grubalm zurückbringt, wo ich wieder auf „meine" Gruppe treffe.

Bei diesem Abstieg begleitete mich über weite Strecken der Blick auf das Gamsfeld (2.028 m) im Norden, Bild oben, welches Erinnerungen in mir weckte. Das war nämlich der erste Zweitausender, den ich, es war im Juli 1967, mit meiner Frau von der Stroblerhütte (im zentralen Postalmgebiet) aus bestiegen habe.

31 Der Hohe Sarstein (341)

Dieser 1.975 m hohe Berg in Osten des Hallstätter Sees ist gewissermaßen das Gegenstück zum Plassen, der sich westlich des Sees erhebt. Ich habe ihn im August 1997 mit Roland von der Pötschenhöhe (993 m) aus in gut 2 ½ Stunden bestiegen, und nach einer ausgiebigen Rast auf der Sarsteinalm (1.695 m) haben wir den gleichen Weg zurück genommen. Der Berg besticht vor allem mit dem Nahblick auf den Dachstein und seinen Hallstätter Gletscher, wiewohl dieser im Süden liegt und daher vor allem um die Mittagszeit in gleißendem Licht liegt. Aufgefallen ist uns auch die große Anzahl von Schafen, die bis zum Gipfel herauf weiden.

Die Pötschenhöhe erreicht man, wenn die B145, die von Bad Ischl daherkommt, hinter Bad Goisern ins Ausseerland weiter verfolgt wird.

Vom Parkplatz geht es zunächst steigungslos auf einem Waldweg nach Osten, dann wird der Raffelgraben überquert und eine Abzweigung mit Wegweiser zur Sarsteinalm erreicht. Diesem folgend bald im Schrofengelände steil aufwärts (Bild links) und später nach Westen hin zur Alm hinüber.

Nach 1 ¾ Stunden und knapp vor Erreichen der Alm steigt man links durch Latschen, später auf einem sehr guten Weg in 45 Minuten zum Gipfelplateau mit den bereits genannten Attraktionen hinauf.

Der Gipfelblick zum Hallstätter Gletscher hinüber

Die für innerösterreichische Verhältnisse schon ziemlich hoch gelegene (vordere) Sarsteinalm ist ein schöner Rastplatz nach einem sehr empfehlenswerten Berggang.

Die (vordere) Sarsteinalm auf 1.695 m Seehöhe

32 Auf der Tauplitzalm (211)

*Mit der Tauplitzalm verknüpfe ich viele Erinnerungen, sowohl Som-
mer- als auch Winteraktivitäten betreffend. Hier wird nur kurz der
Versuch geschildert, das Große Tragl (2.184 m) zu besteigen, den
Roland und ich am Tag nach der Sarstein-Tour unternommen haben,
aber wegen Wetterverschlechterung abbrechen mussten. Allein
schon das Dolinenbild rechtfertigt m. E. dessen Erwähnung.*

Eine 10 km lange Mautstraße führt von dem an der B145 liegenden Bad Mitterndorf auf das Plateau der Tauplitzalm hinauf. Vom Parkplatz (ca. 1.600 m) geht es in mehrmaligem Auf und Ab auf einer Versorgungsstraße in 45 Minuten zum Steyrersee (siehe das letzte Bild) mit gleichnamiger Hütte (1.550 m) hinüber.

Hier schwenken wir von Osten auf Norden um und steigen zuerst durch Latschen, dann über weite Karrenfelder, parallel zum ausgesteckten „Winterweg", zumeist mäßig steil in die Hochfläche des Toten Gebirges hinein. Vor uns wird der Nebel immer dichter (Bild unten links) und dann beginnt es auch noch zu tröpfeln. Bei drei eindrucksvollen Dolinen (Bild unten rechts) auf ca. 1.850 m Seehöhe brechen wir die Tour schließlich ab.

33 Hochsteinalm mit Streichelzoo (121)

Nach einer Erstbegehung im Mai 2002 haben wir diese kinderfreundliche Alm inzwischen zweimal mit mehreren Enkeln erwandert, wobei auf der „kinderwagentauglichen" Forststraße die damals dreijährige Lea nahezu den ganzen Weg zu Fuß zurückgelegt hat. Man geht vom ca. 50 PKW fassenden Parkplatz am Mühlbach-

berg (ca. 700 m) ohne Hast in einer Stunde zum komfortablen Gasthof auf 907 m Seehöhe hinauf; der Rückweg nimmt gegebenenfalls etwas weniger Zeit in Anspruch.

Der besagte Parkplatz wird erreicht, indem man von der den Traunsee begleitenden B145 beim Bahnhof Traunkirchen nach Westen hin abzweigt und der Ausschilderung folgt.

Die Attraktion der Hochsteinalm ist neben einer gepflegten Gastlichkeit und einer schönen Aussicht auf das Höllengebirge der Streichelzoo, der u. a. mit Pferden, Eseln, Ziegen und Lamas bestückt ist.

Vom Parkplatz Mühlbachberg führt die 3,5 km lange Forststraße zuerst nach links bis zu einer Kehre, bei der man etwa ein Fünftel des Weges hinter sich hat. Dann geht es nach rechts in westlicher Richtung weiter mäßig steil bergauf, zuletzt ein wenig „kurvig", zu einer zweiten Kehre, bei der man dann bereits gut drei Viertel des Weges geschafft hat. Knapp vor dieser Kehre mündet in die Straße ein zum Teil steiler Fußweg ein, der vom Parkplatz durch den Wald heraufkommt. Das ist zwar die kürzere Variante, aber nur für konditionsstarke Geher eine merkliche Zeitersparnis. Nach der zweiten radikalen Richtungsänderung sieht man dann schon zur Gastwirtschaft hinauf (nächstes Bild).

Der letzte, wieder steilere Teil das Aufstiegsweges führt an verschiedenen Tiergehegen vorbei. Vom großen, vor dem Haus liegenden Gastgarten hat man einen sehr schönen Blick auf den westlichen Teil des Höllengebirges (Bild unten), insbesondere auf den Brunnkogel (1.708 m), rechts im Bild, den ich im August 1969 mit Otmar Hofstetter (†) und Gattin vom Hinteren Langbathsee aus über den Schafluckensteig bestiegen habe.

Ein alternativer, durchgängig etwas steilerer Zustieg zur ganzjährig geöffneten Hochsteinalm ist vom GH Zur Kreh (647 m) im Langbathtal möglich, das sich von Ebensee aus nach Westen hin erstreckt.

34 Der Traunstein (351)

Der Traunstein, vom Parkplatz Mühlbachberg (Tour 33) aus gesehen

Für die Begehung dieses nahezu jeden Traunseeblick beherrschenden, 1691 m hohen Berges hat man, abgesehen von echten Kletterrouten, den Hans-Hernler-Steig, den Naturfreundesteig und den Mairalmsteig zur Auswahl, wobei in jedem Fall die Basishöhe 440 m beträgt. Alle Ausgangspunkte liegen an der Traunsee-Ostuferstraße, und zwar für den 1905 errichteten Hernlersteig bald hinter dem bekannten Ausflugsgasthof Hoisn, für den 1929 erbauten Naturfreundesteig bei der Lainaubrücke, und zur Mairalm (789 m), wo der entsprechende Steig beginnt, muss man zuerst einmal vom Parkplatz am Ende der Fahrstraße auf einer Forststraße hochwandern. Der Hernlersteig, den ich mit einem Studienfreund, dessen Sohn Leander und meinem Sohn Roland im September 1986 in 2 ½ Stunden gegangen bin, endet bei der (inzwischen großzügig sanierten) OeAV-Hütte der Sektion Gmunden (1.666 m), wo man dann noch gute zehn Minuten zum Gipfelkreuz hochsteigen muss. Den Naturfreundesteig habe ich im Juli 1996 mit Felix Primetzhofer (siehe die Routenbeschreibung 20) erkundet, er endet bei der TVN-Hütte (1.575 m) und hat knappe drei Stunden in Anspruch genommen. Den Mairalmsteig kenne ich nur vom Abstieg aus 1986 und erinnere mich bloß noch an eine lange Schuttriese, die zur Forststraße hinunterführt, bevor diese die Alm erreicht. Von dort bis zum GH Hoisn waren es noch 30 Minuten.

Zum eigentlichen Hernlersteig führt von der Fahrstraße zunächst ein Waldweg mäßig steil zum „Dachsteinblick" (ca. 1.000 m) hinauf, wofür wir eine gute Stunde gebraucht haben. Von dort über Schrofen und Bänder, aber gut seilgesichert, zwischen Wänden aufwärts, und dann am „Fensterl" vorbei in 1 ½ Stunden zur Gmundner Hütte. Trittsicherheit, Schwindelfreiheit und Vorsicht sind natürlich geboten, aber die vielen Unfälle, die auf diesem Steig passieren, sind mir eigentlich unverständlich. 1996 haben wir ihn im Abstieg genommen; dafür möchte ich ihn nicht weiterempfehlen.

Alle folgenden Fotos stammen aus 1996; inzwischen ist der Naturfreundesteig allerdings wegen Steinschlaggefahr verlegt worden, wie ich dem Internet entnommen habe. Gleichwohl wird es sich wohl auch jetzt noch um die attraktivste Aufstiegsrote auf den Traunstein handeln. Wörtliches Zitat aus dem Internet: „Gleich nach dem Einstieg (Lainaubrücke) geht es ohne Umschweife zur Sache. Seile und Trittbügel helfen über den ersten sehr exponierten Steilaufschwung hinweg. Wer hier keine Probleme hat wird auch den weiteren Verlauf des Steiges genießen können. Waldabschnitte wechseln mit Passagen im Fels."

Die beiden aufgrund der Schattenlage sehr blaustichigen, aber doch recht ansprechenden Fotos zeigen zwei Ausblicke vom „alten" Steig aus, und zwar (links) auf die Schlafende Griechin im Süden und (rechts) nach Norden auf Gmunden zu. Das nächste Bild („Felsentor") stammt dann schon von weiter oben; wenn ich nicht irre, ist der Felsen im Hintergrund der Standort des TVN-Traunsteinhauses.

Von dort aus hat man dann einen schönen Überblick auf die Gipfelregion des Traunsteins (Bild unten): Links oben steht die Gmundner Hütte, zu welcher es noch eine halbe Stunde hinauf ist; auf dem Weg dorthin zweigt zwischendurch einmal rechts der Steig zur Mairalm ab. Rechts hinten steht das gewaltige Gipfelkreuz (1.691 m).

Dieses Kreuz wurde als Landesgedenkstätte für die im Gefolge der beiden Weltkriege gefallenen und vermissten Oberösterreicher errichtet. Mit LH Dr. Heinrich Gleißner scharten sich am 20. August 1950 an die 3.000 Menschen um das Kreuz, welches von Dechand Franz Dorner aus Gmunden geweiht wurde. Hannes Loderbauer hat dem Kreuz und seiner Entstehungsgeschichte in seinem Tourenführer „Wandern und Bergsteigen in Oberösterreich" ein eigenes Kapitel gewidmet.

Mit freundlicher Genehmigung seiner Tochter Monika Luckeneder (Gmunden) erlaube ich mir, dieses Büchlein mit Loderbauers Schilderung abzuschließen.

Das Traunsteinkreuz

Im Sommer des Jahres 1948 wurde im Rathaussaal in Gmunden das „Traunsteinkreuz-Komitee" gegründet, welches sich aus Heimkehrern aller drei Parteien zusammensetzte. Das Komitee beschloss aufgrund einer Anregung des Bürgermeisters und Berufsschulinspektors Karl Piringer, am Gipfel des Traunsteins ein Gedenkkreuz für die Toten und Vermissten beider Kriege zu errichten. Man war von Anbeginn darüber einig, dass der Traunstein mit keinem der üblichen Bergkreuze, sondern mit dem größten Stahlkreuz der Alpen gekrönt werden sollte.

Von der Beschlussfassung bis zur Verwirklichung lag aber ein weiter und harter Weg. In den ersten Nachkriegsjahren war schon die Beschaffung des Baumaterials ein Problem, die Finanzierung aber anfangs fast unmöglich. Da man das Gipfelkreuz als „Landes-Totenmal" errichten wollte, wandte man sich mit einem Bittschreiben um eine Spende an alle Gemeinden des Landes Oberösterreich. Diese Aktion brachte aber nur ein Zehntel der Gesamtkosten. Bald darauf flatterten viele Tausende von Briefen an die Heimkehrer des letzten Krieges hinaus in Dorf und Stadt – die Antwort waren Tausende Einzahlungen, angefangen von Rentnern, alten Müttern, die mit zittriger Hand den Erlagschein ausfüllten und wohl mit wehem Herzen an den gefallenen Sohn oder Gatten dachten, bis zum alten Kämpfer des ersten Weltbrandes.

Die Gesamtkosten, S 63.000,--, lagen bereit. Nach den Plänen des Architektenbüros Spalt-Piringer begannen die „Traunstein-Werkstätten" in Oberweis unter der persönlichen Leitung des Betriebsinhabers Josef Swoboda mit der Konstruktion des Riesenkreuzes, welches des überaus schwierigen Transportes wegen in vielen Einzelteilen gebaut werden musste.

Anfang Juni 1950 wurde das Stahlkreuz am Stadtplatz in Gmunden aufgestellt, um es all denen zu zeigen, welche nicht in der Lage waren, den Gipfel des Traunsteins zu ersteigen. Viele Tausende kamen in diesen Wochen in die Traunseestadt, um das Landestotenmal zu schauen. Inzwischen donnerten am Gipfel des Berges die Sprengungen für das Fundament. Es mussten immer wieder bedeutende Schwierigkeiten überwunden werden. Doch der Transport, den viele als fast unmöglich bezeichnet hatten, stand noch bevor.

Inzwischen waren viele Einladungen zum Auftragen der Einzelteile und des Baumaterials ausgesandt worden, und unzählige Anmeldungen liefen ein. Hatte man anfangs gebangt, für die schweren Teile mit bis zu 86 kg nicht genug Träger zu bekommen, so mussten für diese schließlich eigene Listen geführt werden, da viele Kreuzträger sich gegenseitig überboten.

Am Stichtag, einem herrlichen Wochenende im Juli, stiegen an die 800 Kreuzträger, darunter über 200 Mädel und Frauen, mit ihren Lasten dem Gipfel entgegen. Wie eine gewaltige Brandung wogten diese begeisterten Menschen bergwärts, Ströme von Schweiß wurden vergossen, und am Sonntag war das Werk vollbracht – etwa 1500 kg Stahlteile, 700 kg Zement, 1300 kg Sand und mehrere hundert Flaschen mit Wasser zum Mischen des Betons lagen am Gipfel bereit. Viele „Wasserträger" hatten ihre Flaschen nicht mit Traunwasser gefüllt, sondern das notwendige Nass sogar von ihren Heimatgemeinden mitgenommen, sodass das Fundament mit Wasser aus ganz

Oberösterreich gegossen wurde. Eine Anzahl gelangte aber auch mit leeren Flaschen zum Gipfel, sie labten mit dem Inhalt die Kreuzträger oder hatten sie beim Anstieg selbst leergetrunken.

Schon am nächsten Tag kamen die Experten aus den Traunstein-Werkstätten, die schwierige Montage begann. Meter um Meter „wuchs" das Stahlkreuz in wochenlanger Arbeit zehn Meter hoch über oberösterreichisches Bauernland. Tagtäglich waren viele Ferngläser von Gmunden aus auf den Berg gerichtet und auf die Männer, die über den Steilabstürzen des Hochkamp in den Stahlstreben des Kreuzes hingen.

Am 20. August1950 war der große Tag. Aus unzähligen Gemeinden kamen die Kreuzpilger mit Fahrzeugen aller Art, viele radelten schon um Mitternacht vom Heimatdorfe fort, die „große Sternfahrt zum Traunstein" begann. Leuchtend kam die Sonne, kam der neue Tag, der Tausende, wie nie zuvor, auf allen Pfaden zum Gipfel des Traunsteins steigen sah, zum Gipfel des „heiligen Berges", wie ihn damals die Presse bezeichnet hatte.

Mit Landeshauptmann Dr. Gleißner scharten sich an die dreitausend Kreuzpilger aller Altersstufen und Berufsgruppen um das gewaltigste Gipfelkreuz der Alpen, als Dechand Konsistorialrat Franz Dorner aus Gmunden dem Gedenkkreuz die kirchliche Weihe gab. Die Feierstunde beim Landestotenmal war für alle Teilnehmer ein unvergessliches Erlebnis.

Seit der feierlichen Kreuzweihe im Jahr 1950 steigt nun alle Jahre im August Exzellenz Bischof Franz Zauner aus Linz mit unzähligen Kreuzpilgern über die schwierigen Pfade bergwärts, um fern vom Alltag in schlichter Feier und, wie der Bischof sagt, „unter Opfern betend" all der vielen zu gedenken, die die Heimat nicht mehr sehen durften, die sie so sehr liebten.

Anforderungen und deren Kennzeichnung

Hinsichtlich des dreistelligen Zahlencodes, den ich zur Kennzeichnung der Anforderungen für die ganze Reihe „Aus meinem Tourenbuch" eingeführt habe und der an der Hunderterstelle die Wegbeschaffenheit, an der Zehnerstelle die an einem Tag im Aufstieg zu bewältigenden Höhenmeter und an der Einerstelle die Höhenlage kennzeichnet, gelten weiterhin folgende Richtlinien:

Was die Wegbeschaffenheit betrifft bedeutet Kennziffer 1 „Leichte Wanderung", bei der man nicht ständig darauf achten muss, wo man hintritt, wie das z. B. bei Forststraßen sowie Wald- und Wiesenwegen der Fall ist, die weder steinig noch mit Wurzelwerk überzogen sind. Kennziffer 2 steht für „Bergwanderung", wo bestimmte Passagen schon steil und steinig sein können und man über eine gewisse Trittsicherheit verfügen sollte, wo aber die Hände noch nicht gebraucht werden. Steige schärferer Richtung, also mit Kletterstellen maximal II. Grades behaftet und möglicherweise auch etwas ausgesetzt und Schwindelfreiheit voraussetzend, werden durch die Kennziffer 3 angezeigt. Sind Altschneefelder zu queren, so fällt das noch unter Kennziffer 2, wenn dabei keine Rutschgefahr besteht, ansonsten unter Kennziffer 3. Echte Gletscherbegehungen, für welche die dafür notwendige Ausrüstung erforderlich ist, werden durch Kennziffer 4 ausgewiesen, und zwar ohne Rücksicht auf die sonstige Beschaffenheit des Weges. Näheres ist den Routenbeschreibungen zu entnehmen.

Hinsichtlich der Steigleistung (Zehnerstelle) bedeutet Kennziffer 1, dass höchstens 300 Höhenmeter zu bewältigen sind, Kennziffer 2 steht für höchstens 600 Höhenmeter, Kennziffer 3 für höchstens 900 Höhenmeter, Kennziffer 4 für höchstes 1.200 Höhenmeter und so weiter. Hinsichtlich der Höhenlage (Einerstelle) bedeutet Kennziffer 1, dass keine größere Höhe als 1.999 m erreicht wird, Kennziffer 2 steht für höchstens 2.999 m. Größere Höhen werden bei den in „Nordalpen I" beschriebenen Unternehmungen nicht erreicht. (Der einzige Dreitausender in den nördlichen Kalkalpen ist mit 3.036 m die Parseierspitze in den Lechtaler Alpen.)

Die folgende Zusammenstellung klassifiziert die Touren in diesem Büchlein nach diesen Vorgaben. Sind in einer Tourenbeschreibung mehrere (von mir empfohlene) Wanderziele oder Gipfelbesteigungen genannt, so werden diese hier gesondert ausgewiesen. Der dem Titel des betreffenden Kapitels beigefügte Code kennzeichnet immer die höchsten darin enthaltenen Anforderungen bzw. Randbedingungen.

111: Romanshöhe (01), Drei Hörnle (02), Latschenhütte (10), Bleckwandhütte (26), Hint. Gosausee (29), Löckersee (30)

121: Loferer Alm (22), Bleckwand (26), Hochsteinalm (33)

131: Herzogstand (03)

211: Plankensteinalm (30), Tauplitzalm (32)

212: Portlerhorn (07), Große Schlicke (09)

221: Aggenstein (09), Stripsenjoch (12), Gruttenhütte (12), Langeck (16), Stuhlalm (28)

222: Rofanspitze (11), Pinzgauer Spaziergang (14)

231: Schafbergalm (27)

232: Hohes Brett (06)

241: Schmidt-Zabierow-Hütte (21), Sonntagshorn (24), Schafberg (27)

242: Hundstein und Schwalbenwand (15)

311: Läuferspitze (09)

321: Mannlgrat (05), Schober (25)

322: Gaisstein (13), Ochsenhorn (21), Gosaukamm (28)

332: Widderstein (08), Großer Donnerkogel (28)

341: Hochstaufen (04), Hochkranz (20), Hoher Sarstein (31)

342: Hoher Göll (06), Rote Flüh (09), Ellmauer Tor und Goinger Halt (12), Steinernes Meer (18), Leoganger Steinberge (19)

351: Traunstein (34)

352: Hochkönig (17), Stadelhorn (23)

Das sind 27 Touren der beiden unteren Wegklassen (1, 2) und 19 Touren, für welche die Wegklasse 3 angegeben ist.

Literaturverzeichnis

Hier ist die in meinem Besitz befindliche Bergliteratur aufgelistet, die das Einzugsgebiet dieses Büchleins betrifft. Sie diente mir (neben zahlreichen Internet-Hinweisen) zur Überprüfung von Daten, Bezeichnungen, gemachten Notizen und der verblassten Erinnerungen, können aber auch hinsichtlich weiterer Hinweise und der Beschreibung alternativer Routen und zusätzlicher Gipfelziele von Nutzen sein.

AUFERBAUER Günter und Luise: Bergtourenparadies Österreich, Kremayr & Scheriau, Wien 2001

FREYTAG-BERNDT und ARTARIA: Wanderatlas Salzburg – Tirol – Vorarlberg und Niederösterreich – Oberösterreich

HAYDN Alois: Höhenwege durch die nördlichen Kalkalpen, Bergverlag Rudolf Rother, München 1971

KORBAJ Manfred: Bergwandern in Österreich, 2 Bände, Kremayr & Scheriau, Wien 1998

LODERBAUER Hannes: Wandern und Bergsteigen in Oberösterreich, OÖ Landesverlag, Linz 1964

LODERBAUER Hannes und LUCKENEDER Monika: Wandern und Bergsteigen in Oberösterreich, OÖ Landesverlag, Linz 1996

NEUWEG Sabine und PEHAM Alois: Schutzhütten, Ennsthaler-Verlag, Steyr 2005

PILZ Hans: Zwischen Ötscher und Wildem Kaiser, Ennsthaler-Verlag, Steyr 2007

RÖMMELT Bernd und SCHWENKMEIER Willi: Berchtesgadener Alpen, Bergverlag Rother, München 2006

Reine Bildbände, die keine Tourenbeschreibungen enthalten, sind in dieser Aufzählung nicht berücksichtigt.

Abkürzungen

akad.	akademisch(er/e/es)
ca.	zirka
ehem.	ehemalig(er/e/es)
geogr.	geographisch(er/e/es)
ital.	italienisch(er/e/es)
österr.	österreichisch(er/e/es)
östl.	östlich(er/e/es)
m. E.	meines Erachtens
sog.	sogenannt(er/e/es)
s. u.	siehe unten
u. a.	unter anderem
westl.	westlich(er/e/es)
z. B.	zum Beispiel
A	Autobahn
Alb.	Albergo (ital. Herberge)
AR	Autobahn-Raststätte
AV	Alpenverein
AVS	Alpenverein Südtirol
B	Bundesstraße (Deutschland, Österreich, Schweiz)
CAI	Club Alpino Italiano
DAV	Deutscher Alpenverein
Gem.	Gemeinde
GH	Gasthaus od. Gasthof
JH	Jagdhaus
NP	Nationalpark
OeAV	Österr. Alpenverein
ÖTK	Österr. Touristenklub
Rif.	Rifugio (ital. Schutzhütte)
SS	Staatsstraße (Italien)
TVN	Touristenverein Naturfreunde

Ferner werden die Zwischenhimmelsrichtungen grundsätzlich mit NO, SO, SW und NW abgekürzt.

Schätze der Mathematik:

FOLGEN und REIHEN

Dieser Lehrgang baut auf der Pflichtschul-Mathematik auf und führt den für die Höhere Mathematik grundlegenden Grenzwertbegriff ebenso exakt wie anschaulich ein. Weiters erlaubt dieses Thema, auf viele Schätze der Mathematik, wie sie (u. a.) von Archimedes, Euklid, Fibonacci, Pascal, Euler, Gauß und Cantor gehoben worden sind, einzugehen. Bei aller fachlichen Wissensvermittlung steht das Bemühen im Vordergrund, das wesentlichste Bildungsziel der Mathematik an Gymnasien zu fördern, nämlich logisch, strukturiert, ganzheitlich, vernetzt und nachhaltig denken zu lernen und diese Fähigkeit in allen Lebenslagen anwenden zu können.

ISBN 9783738656923, 100 Seiten, A5-Format, 2. Aufl. 2015, € 6,--

Früchte der Mathematik:

KARTOGRAPHIE

Das Thema der Kartographie sind die vielfältigen Methoden, welche zur Abbildung der runden Erde auf eine Ebene im Verlauf von gut zwei Jahrtausenden entwickelt worden sind. Dabei handelt es sich im Wesentlichen um angewandte Mathematik, und zwar vornehmlich im Bereich der konstruktiven und der Koordinatengeometrie sowie der ebenen Trigonometrie. Mit dieser Publikation verfolgt der Autor die Absicht, das Thema so kompakt und verständlich wie möglich, aber auch so präzise wie möglich darzustellen. Vor allem aber versteht er dieses Sachbuch als Beitrag zu einer fundierten Allgemeinbildung und hofft auf eine daran interessierte Leserschaft. Diesem Ziel dient nicht zuletzt das Eingehen auf historische Daten und Abläufe sowie auf die großartigen Leistungen europäischer Geistesgrößen im nämlichen Zusammenhang. Schließlich haben diese die abendländische Kulturlandschaft ganz maßgeblich mitgestaltet.

ISBN 9783748144595, A5-Format, 1. Aufl. 2019, € 6,--

Semper et ubique
Unvergängliches und allgegenwärtiges Latein

In einer Bildungsgesellschaft sollte unbestritten sein, dass Latein ein abendländisches Kulturgut ersten Ranges ist, dem im Schulunterricht die Funktion eines europäischen Integrationsfaches zukommt. Der Praxisbezug ist dadurch gegeben, dass das Lateinische eine gute Grundlage für das Erlernen lebender Sprachen darstellt, dass es für das Fremdwörter-Verständnis einen wichtigen Beitrag leistet und dass Latein vermöge seiner strengen Grammatik das Verständnis für die Struktur der Muttersprache – oder besser noch von „Sprache an sich" – fördert. „Semper et ubique" möchte dazu beitragen, dieses Bewusstsein zu festigen. Neben einem grundlegenden Grammatikwissen vermittelt das Büchlein den Zugang zu Hunderten von lateinischen Spruchweisheiten, Floskeln und Fremdwörtern, ihrer Herkunft und Übersetzung, eingebettet in das historisch-kulturellpolitische Umfeld.

Dieses Lateinbüchlein wurde unter den bei BoD herausgebrachten Publikationen des Autors zur absatzmäßig bisher erfolgreichsten.

ISBN 978-3-7386-2576-9, 96 Seiten, A5-Format, 2. Aufl. 2015, € 6,-

---

Zentralalpen II
Rätikon und Silvretta, Nordtirol, Tauernregion und Ausläufer

Der zweite Teil der Reihe „Aus meinem Tourenbuch" ist Anfang März 2020 erschienen und besteht aus 100 Seiten, davon 86 farbige mit insgesamt 136 Bildern. 28 Tourenvorschläge betreffen leichte Wanderungen und Unternehmungen in felsigem Gelände ohne Schwierigkeitsgrad, 25 gehen darüber hinaus, ohne den II. Schwierigkeitsgrad zu überschreiten; drei davon sind Gletscherbegehungen.

ISBN 9783750469235, A5-Format, 1. Aufl. 2020, € 14,90